前科おじさん

ZENKA OJISAN

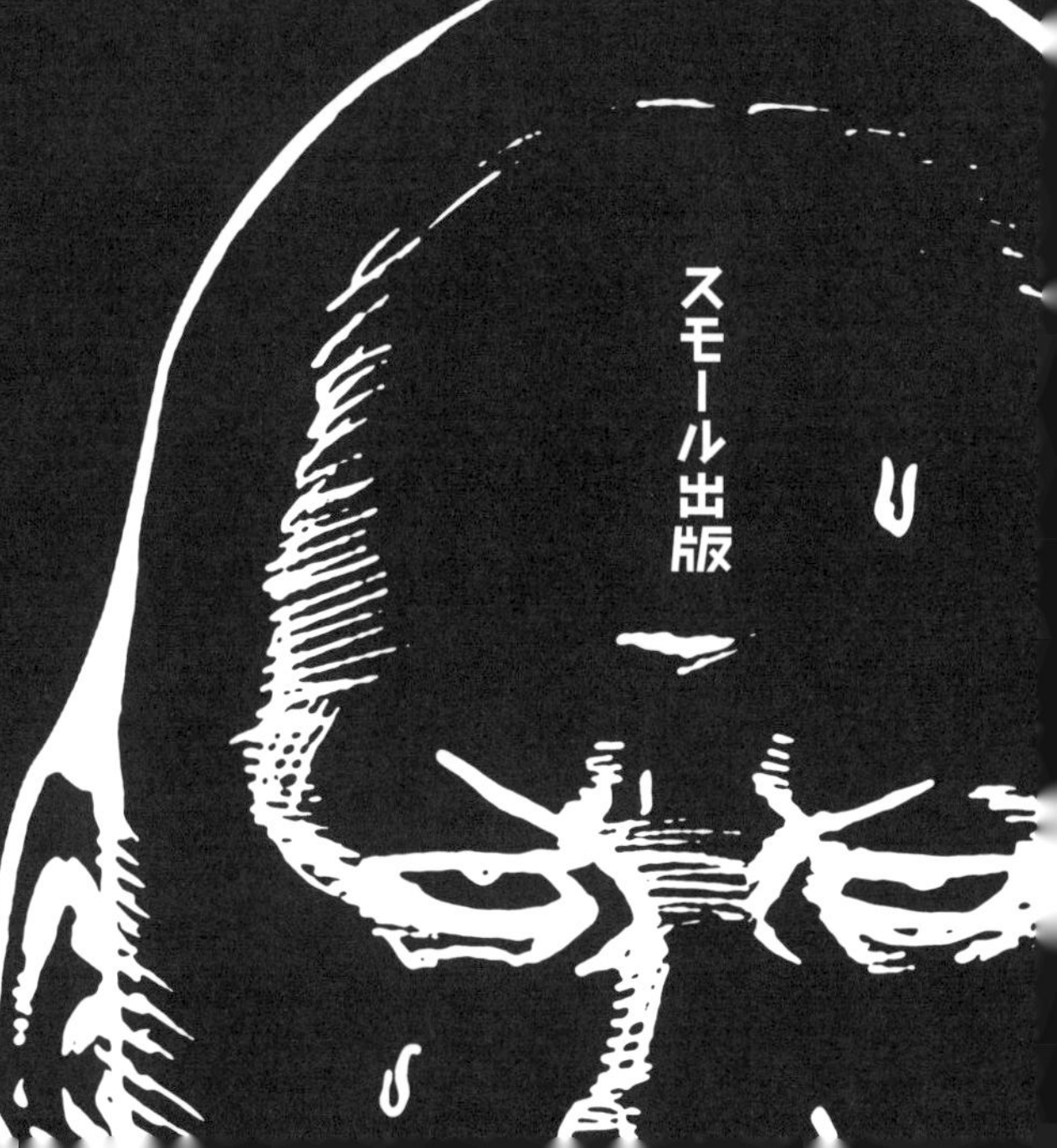

スモール出版

AcidPandaCafe

Tokyo.Japan

DUGEM RISING

AMPUN DEEJAY

FUNKOT

JEPANG

DARAH YANG FUNKY

■イントロダクション

日本の警察は優秀だなあ。

見事に〝持ってる〟時に職務質問を受けた。


深夜三時頃、ACID PANDA CAFEの仕事が終わって、いつもバイクを停めている場所に戻り、「これから帰るよー」なんて彼女にLINEを送っている時のことだった。

警察官に声をかけられボディチェックをされながら、ふとカバンの中に先日とあるクラブでもらったラップフィルムで包まれた大麻が入っていたのを思い出した。

「あ、そういや、持ってちゃいけないものを持ってるじゃん！　こりゃもう俺の人生もオシマイだ……逮捕されるとどうなるんだろう……これで俺も犯罪者の仲間入りか……」

なんてことをボンヤリと考えていた。自分のことなのだが、ずいぶん冷静だったと思う。こんな悪人面な俺でも、今まで職務質問を受けたことは一回くらいしかなかったのだが、こんなジャストタイミングで受けるなんて。

大麻が違法なことは百も承知だった。だが、時として遵法精神よりも好奇心と冒険心が勝ってしまうことがある。そういう心境の時にそういう機会があったのだ。大麻に手を出した理由はそんなところだ。

パトカーが到着し、すぐに警察官がたくさん集まってきた。証拠そのものが見つかったので、その場で現行犯逮捕。もう言い訳のしようもないので、「これは何だ?」と聞かれた時、素直に「大麻です」と答えた。

パトカーに乗せられて、俺よりちょっと若い警察官に、全身、靴下の中まで調べられる。

「これで全部か?」

「全部っす」

とりあえず彼女に「ごめん、帰れなくなった」とだけ一瞬の隙を見てLINEをした。「逮捕された」と送ったわけではなかった。もうちょっとしたら送ろう、と思っていた。

今思えば、ここで「逮捕された」と伝えておけば、混乱の度合いが少しは違っていただろう。携帯電話は最初の取り調べで証拠品として押収されてしまうので、しばらくの間、外部との連絡は全く取れなくなるのだった。おかげで、身内の間では高野政所が行方知れずになった、という騒ぎになってしまう。

「マジで逮捕されるんだな〜。ちょっと前までレゲエDEEJAY・羅王《らおう》さんの『独居房の夜』を聴いてたけど、俺もあの曲の歌詞にあるような体験をするのか……」

そのままパトカーで、渋谷警察署に連行される。

「牢屋とか手錠とか、今まで体験したことがないことがこの先起きるんだろうな」

不安とか恐怖とかそういう気持ちではなく、諦めの境地というか、割と淡々とした気持ちで連行され、渋谷警察署に入った。薬物系の犯罪は組織犯罪対策課に送られる。

取り調べのイメージなんて、映画やテレビのあのイメージしかない。

「卓上ライトで顔を照らされて『吐け！　いい加減、吐いちまえ！』なんてコワモテの刑事から言われるんだろう。で、カツ丼とか出てくるのかな？　俺が黙秘してたら『お前のお袋は故郷で泣いてるぞ』なんてお決まりのセリフも出てくるのか？　まぁ俺は両親とも亡くしてるし、親戚づきあいもないからその辺で泣く心配はないんだけど、彼女は泣くだろうなぁ」

こんなことを考えてるうちに、その日当直だったベテランの刑事が取調室に来た。歳の頃は五〇代、特にコワモテではなく割と穏やかな人だった。

自分の持っていたカバンを指差してる写真や、押収物の写真を撮られたりした。

「どこで手に入れたのか」「いつからやっていたのか」と、取り調べは淡々と進んだ。

この期に及んで嘘をついても仕方がないので、素直に答えているうちに、少しずつ実感が湧いてきて、「ああ、これはシャレにならないことになってんな」と、この時になって急に不安が増してきた。

「今は刑事も一応〝ですます調〟で喋ってるけど、これがいつ命令口調に変わって、いわゆる一般市民から下級市民扱いになるんだろう……」

その日の取り調べが終わり、人生最初の〝クサいメシ〟（別項で詳しく書く）を出され、「これから留置場に入ってもらうから」的なことを言われ、留置場担当の警察官がやってきた。

かなりガタイのいい、柔道とかレスリングをやっていそうなアグレッシブな若い警察官で、「おい、これから留置場生活だから、自分勝手なこと言ったりやったりさせねぇから、分かってんな？」と結構な勢いで言われる。まぁ俺の見た目はこんななので、相当やんちゃな奴だと思われてカマされてるんだろう。しかしご存知の通り、俺は〝ワルへの憧れ〟はあったけど、ひたすら文化系な人生を送ってきてるので、見た目に反してアグレッシブなところは全然ない。ケンカもしたことがない。こういう時に俺の見た目は損だな、と思いつつ「ハイ。分かりました」と大人しく言うことを聞く。

「このあとは羅王さんの歌だと『パトカー降りて房に向かい　身体検査　裸になり　床に手をついて四つん這い　涙が出るほど情けない』が来るはずだな」と思った。実際すぐに身体検査で裸にされた。そしてパンツを下ろして、床ではなく壁に手を着いて肛門の中までチェックされる。確かにこれは情けないし、人権が一気になくなった感がある。

それから、自分は仮性包茎なもので普段はちんちんの皮がかぶさっているのだが、「ハイ、剥いて」と言われて、自分で自分のモノの皮を剥いて亀頭を露出させられチェックされた。

「いやー、さすがにケツの穴やちんこの皮に何か隠してたりはしないだろう！」と思いながら、「いよいよ始まったな」とも思った。

「留置場では名前で呼ばないからな、今日からお前の留置番号は三九だから覚えとけよ」

番号、来た!!

「三九。〝サグ〟だな。ついに俺もナードコアからサグになったのか。そんで、三九をひっくり返すと九三、つまり〝クサ〟だな。なんとも言えない番号がついたもんだ」

というわけで、この瞬間から被留置者三九番としての生活が始まった。

そして、通称〝ヨンパチ〟と呼ばれる、外部との接触不可能な四八時間が始まるのである。

第一章 トメノート　025

ZENKA OJISAN

■高野政所の自己紹介

読者の方の中には、「お前は誰だ?」と思う方もいるでしょう。まずは初めに自己紹介を。はじめまして。高野政所と申します。

もちろんこれは音楽活動などをする時の名前で、本名は報道に出た通りです(苦笑)。自分が一体何者なのかということを一言で言うならば〝ボンクラのクズ野郎〟ということになりますが、今回の逮捕に至るまでにどんな人生を歩んできたかということを、改めて振り返ってみたいと思います。

一九七七年一月二七日生まれ。幼少期からだと非常に長くなってしまうので、青年期からの出来事を書きます。高校時代、同級生に教えられた電気グルーヴとの出会いで人生が順調に折れ曲がり始め、若干、歪んだ価値観を持つようになりました。後に石野卓球さんにお会いした時にこの話をしたら、「俺のせいにすんじゃねーよ! 勝手に曲がったんだろ!」と言っていましたが、まさにその通りです。

と、そんな影響で、大学時代よりテクノミュージックやバカバカしいサンプリングに徹した〝ナードコアテクノ〟と呼ばれるジャンルを、「LEOPALDON(レオパルドン)」という音楽ユニットでやっていました。当時のシリアスなクラブミュージックがモテそうで気に食わなかったため、ひたすら王道より外道といった感じで活動を続けていたものの、いわゆる〝サブカル界隈〟で少し話題にしていただき、二〇代前半くらいの時には、当時の〝ネット世代の若い子〟ということで取り上げてもらうようになり、様々なクラブや地方でもライブをさせてもらいました。

そんな生活を送っていながらも女性とは全く縁がなく、というか中学二年生ぐらいから、つまり異性に対するモテということを意識し始めた瞬間から、なぜか全く女性と会話ができなくなり、それが二五歳くらいまで続きます。なので童貞喪失は二六歳の時、やむにやまれず川崎のソープランド「シルクハット」でいたしました。七万円でした。今思うとずいぶんと思い切った金額を出しましたが、当時は「最初の一回なのだから、そのくらいの金は突っ込むぜ！」という、どうでもいい男気を発揮したんだと思います。

話は戻って、中学時代は女の子と全く話せなかったものの、そこそこ勉強はできたので県内でもそこそこ有名な進学校に進み、明治大学に入学しました。

大学生活は基本的に友達がいなかったので、音楽制作と香港映画鑑賞とアルバイトに費やしました。成績は中の中くらいだったはずです。しかしながら就職活動のタイミングで、空前の就職氷河期に見舞われてしまいました。意識の高い同級生達が次々と就職を決める中、僕も三〇社近くの入社試験を受け、その中で七社の最終面接まで行ったものの、生き馬の目を抜くようなシビアなご時世、「本気の奴しか採りたくない」という各企業の社長達の目には、僕の「どっか入れればいいや、しかもちょっと有名なところで。適当に給料とかもらって音楽をやっていこう」という魂胆が見え見えだったのでしょう。最終面接でことごとく撥ね付けられてしまいました。

その後は就職を諦め、様々なアルバイトをしながら生きていましたが、二七歳の時、ふと「このままでは、人生何もいいことがない。もちろん著作権法違反バリバリのサンプリング音楽は真っ当に売れそうもない。そしてモテたい……」と思った僕は、突然、店をやろうと思い立ちます。

当時はちょっとしたクラブブームで、クラブと言えばオシャレなイメージがありました。しかし僕自身、クラブ音楽をやっていても一向にモテる気配もないので、「モテたくてDJをやってる奴らとか、オシャレ感覚でパーティーを開いている奴らに場所を提供してモテてもらい、その代わり奴らから金をムシり取ってやるしかない！」と一念発起したのです。

また、当時はカフェブームというのもありました。もちろん僕はそういったブームには全く縁がなく、むしろ「そういうことを言っている奴らは全員死ねばいい」とさえ思っていたので、そういう奴らへの当て付けという意味も含めて、店名にわざとらしく「カフェ」とつけようと思いました。サラリーマンで安定収入を得て、DJやって、なおかつ女にもモテて、オシャレで、「将来はカフェとかやりたいんだよね～（絶対やらねぇクセに！）」とか言ってる、世の中的に結構イケてる部類に属するようなこまっしゃくれたクソ共をダマらせるために。

「お前らは将来カフェやりたいとか言ってるけど、俺みたいな奴が先にカフェやってやったぞ、ザマーミロ！」ということで、その時のLEOPALDONのメンバーと共に「ACID PANDA CAFE（アシッドパンダカフェ）」というDJバーを、東京・大岡山に出店しました。

当時は、（心を開くことも親しい交流とかも全くないけど）自分にもそういうイケてるオシャレDJみたいな知り合いが何人かいました。

最初は〝同世代が店をオープンした〟ということでそういう人達も来てパーティーをしてくれたりしたものの、僕が心の中でそういう連中に激しいルサンチマンを抱いており、「ケッ！クソつまらねぇパーティーをチャラチャラとやりやがって！」という気持ちが、知らず知らずに態度に出ていたのでしょう。結果そういうオシャレな人達は、オープン三カ月で蜘蛛の子を散らすようにサッパリといなくなってしまいました。その代わり、当時流行していたSNS、ミクシィなどで噂を聞きつけた〝俺みたいな奴ら〟が、自分達の居心地の良い場所を求めてあらゆるところから集まり、ACID PANDA CAFE（以下アシパン）は〝ボンクラの巣窟〟のようなところになっていったのです。

とにかく色んな人種が集まりました。一流大学の学生から、真っ当なサラリーマンとして生きているものの本当は気の狂っている奴、中卒の元ギャング、ラッパー、風俗嬢など、自分達が面白いと思ってやっていることに何らかの共鳴を示してくれた連中が多く、自分の今の交友関係のほとんどがこの時期に形成されたと言っても過言ではありません。

現在は、何人かは有名人となって活躍していたり、平和な家庭を築いていたり、消えてしまったりと様々な道を進むことになったのですが、当時はまぁとにかくメチャクチャでした。

僕もズブの素人で商売の仕方も分からないまま店を始めたため、儲けは度外視、面白さ重視で、思いついたことや興味があることなら何でもやっていました。

アシパンは、二〇〇六年に大岡山でオープンした後、自由が丘、渋谷と場所を変えて一〇年ほど営業しました。一応クラブという形ではありましたが、そこで行われていたことは、後に度々出演することになるTBSラジオ『ライムスター宇多丸のウィークエンド・シャッフル』の放送で〝平均的かつ最先端〟と称されるような悪ふざけが大半でした。

今の若い子達には信じられないかもしれませんが、当時はまだクラブにはクールさが求められており、〝おもしろ〟の要素を入れること自体が許されない時代でした。もちろんJ-POPやアニソンでのDJイベントなんて、一部を除いて全くと言っていいほどありませんでした。とにかく〝クラブ=ファッショナブルでクール〟でなくてはならなかった。そう考えると時代は変わったなあ。

今でこそ〝変り種パーティー〟みたいなものはたくさんあって、そういうお店もだいぶ増えてきた感がありますが、当時こんなにふざけたことを一応クラブと呼ばれるような場所でやっている集団は、僕が知る限りではDJミッシェル・ソーリーさん(ex. ミッツィー申し訳)ぐらいしかいなかったはずです。

そんな時代にアシパンではどんなことをやっていたかというと、例えば一番ヒドいなと思うのは、大岡山時代にアシパンの店の前に停めた自転車がパンクさせられるイタズラが続発したため、お客さんが各自モデルガン、竹光、バットなどの武器を持ち寄って武装し、店の入り口に監視カメラを設置して、店内のスクリーンでその様子を映し出し、朝までひたすら監視するという、ただの〝夜警〟に「ジャスティスナイト」という名前をつけて急遽開催してみたり、ダサいTシャツを持ち寄ってそのダサさを競う「ダサTウォーズ」、童貞のDJだけを集めて行う「ザ・童貞☆ナイト」、機材を全く触ったことのない素人を集めて、三〇分だけ超適当なDJ講座をやってその場でDJデビューさせる「ファーストミッション」、あとは「お客さんが来た瞬間に全部の電気を消して真っ暗にして放置したあと、暗闇にスポットが当たって全裸の男が踊る平日営業」とか、「運動会」「工作大会」「根性試し」……など、その他数え切れないくらいのくだらない企画が行われていました。

ちなみにこの本のブックデザインをお願いした高橋ヨシキさんも「ファーストミッション」でDJデビューしています。

宇多丸さんにもアシパン一周年記念の際にDJをやっていただいたことがあったのですが、その時の店の機材が「パイオニアのCDJではない」ということで小一時間説教をされたのも、今は良い思い出です。

というように、終始こんな調子だったので、当然のごとく経営は傾いていきました。そしていよいよ「もうダメだ……」という時に、僕が学生時代にやっていたバイトの先輩、棚木純也さんがIT企業を起こし社長として成功していると聞いたので連絡を取ってみたところ、物好きにもほどがあるというか「高野君達のやっていることは面白いから続けた方がいい」ということでオーナーになってもらい援助を受け、何とか一〇年ほどやってこられたわけです。数度の移転を経て店の規模が大きくなるに連れ、だんだんとやっていることも〝ヌルく〟なっていったなあと今では思います。

イベントがだんだんとヌルくなっていったのは、微妙に知名度が上がったり、渋谷という日立つ場所に移り商売的にきちんとしなければいけなかったりという理由もあったのですが、僕の人生の転機となった〝ファンコット（FUNKOT）〟という音楽ジャンルを発見してしまったことが一番の要因でしょう。

ここまで僕の人生を変えてしまったファンコットとは何なのか。もうファンコットだけで本が一冊書けそうな感じですが、かいつまんで僕とファンコットとの関わりをお話しします。

ファンコットの正式名称は〝ファンキー・ハウス・コタ（FUNKY HOUSE KOTA）〟。インドネシアの首都ジャカルタ北部の歓楽街コタ地区で生まれた、ハウスミュージックのローカル変異形態です。現地ではFUNKY HOUSEまたは単純にHOUSE MUSICとかFUNKYなどと呼ばれる音楽で、二〇〇九年に僕が出演したＴＢＳラジオ『ライムスター宇多丸のウィークエンド・シャッフル』で紹介するまで、インドネシア国外には存在しなかったダンスミュージックです。

音楽的な特徴としては、インドネシア伝統音楽の流れを汲む独特のビートとベースライン、超高速なＢＰＭ（テンポ）、ハイパーなシンセサウンド、リズミカルで意味を成さないボイスサンプル、西洋東洋を問わないリミックスの数々と、ダウンビートと呼ばれるＢＰＭの変化展開を持つ曲も多く、一定のルールに従っていればとにかく自由度が高く、何でもありなのが特徴と言えるでしょう。

と、音楽的な説明はこれくらいにして、今はネット上でも簡単に聴けるので、興味がある方は聴いてみてください。

僕とファンコットとの出会いは、偶然というか必然だったような気がします。

僕はYouTuberなのですが、と言うか「さて、YouTubeやるか！」と気合を入れて色々な映像を掘っていくのが趣味の一つという〝YouTube探索大好き人間〟です。

二〇〇九年のある日、自分で「今日はアジアのダンスミュージックを探索する」とテーマを決め、YouTube掘り活動をしていた時のことです。僕は大学時代に友達がいなさすぎたため、香港映画を観まくったりアジアの音楽ばかりを聴き漁っていたのですが、学校近くのディスクユニオンで一枚一〇〇円のワールドミュージックの中古CDを漁っていた時、〝ダンドゥット〟というインドネシアの民衆歌謡の存在を知りました。日本でいうところの演歌のような音楽ですが、独特の節回しと民族臭溢れるリズムが面白く、「当時はそれをよく聴いていたなあ」とふと思い出しました。

ダンドゥットは八〇年代のワールドミュージックブームの時に日本でも少し流行したのですが、「二〇〇九年現在のダンドゥットってどうなっているのだろう？」と思い立ち、ダンドゥットのインドネシア語での綴りを調べ「DANGDUT」とYouTubeの検索窓に入力した時、全てが始まりました。

「なんじゃこれは‼　俺の知ってるダンドゥットとは全然違う‼」

一五年近くの空白を経ての、ダンドゥット再発見でした。

ダンドゥットは〝FUNKY DANGDUT〟とか〝HOUSE DANGDUT〟という名に進化し、当時のエキゾチック感溢れるメロディーの面影は残しながらも、倍速のマシンビートが加わりハイパーなシンセサイザーの音色が鳴りまくり、洋楽のヒップホップやダンスミュージックからサンプリングしたと思しき意味をなさない声の断片がちりばめられた、謎の音楽に超進化を遂げていたのです。

検索ワードを駆使してこの謎に包まれたダンスミュージックのことを調べるも、日本語はおろか英語での情報も全くと言っていいほど出てきませんでした。なので、仕方なく意味が分からないインドネシア語の単語をコピー&ペースト&グーグル翻訳を使って調べていくと、どうやら現地のディスコでこれらは〝HOUSE MUSIC〟や〝FUNKY HOUSE〟〝FUNKY KOTA〟と呼ばれていて、呼び方は一定ではなかったのですが確実にそういうシーンが存在するということが分かってきました。

あまりにこの音楽が面白く魅力的だったので、一人で盛り上がりまくって盛んにブログやSNSで紹介しまくっていたところ、宇多丸さんに声を掛けていただいて、TBSラジオ『ライムスター宇多丸のウィークエンド・シャッフル』(通称『タマフル』)に初出演することとなったのです。

これが特集企画「〈地球の踊り方〉世界のクラブ事情レポート第一弾~インドネシア編　謎のクラブミュージック・ファンキーコタ特集」で、有り難いことに番組史上最多のメールが届くなど反響がすさまじかったらしく、そしてなぜか僕のお喋りも評価をいただき、後のTBS

ラジオ『ザ・トップ5』のレギュラー出演にも繋がっていきました。

自分では喋りがイケてるなどとは全く思ったことがなかったので、『ザ・トップ5』のお話をいただいた時はあまりのことに「俺には無理ですよ！」と一回お断りした覚えがありますが……人生とは本当に不思議なものです。

とにもかくにもこの『タマフル』出演をきっかけに、あらゆるメディアに取り上げていただき、なおかつ『タマフル』のリスナーだったユニバーサルミュージックの寺嶋真悟さんのおかげで三七歳にして遅いメジャーデビューを果たし、更にラジオのレギュラーまでいただいてしまうという、完全に人生にブーストがかかった六年間でした。

むちゃくちゃに露出し、あらゆる仕事をこなしたおかげで、ファンコットは完全なゼロの状態からこの六年間で恐るべき勢いで拡散していき、そのシーンというべきものを規模は小さいながらも確立しました。日本では現在、クラブミュージックが好きなある程度アンテナの高い人ならファンコットという名前は知っているはずです。アジア生まれのダンスミュージックが、個人の発見で欧米シーンを全く介さずここまで日本で広がったという事例は、後にも先にも恐らくファンコットだけなのではないでしょうか。

僕は本当にここしばらくはファンコットが人生の全てでしたし、むしろ俺がファンコットなんじゃないか？と思うほどでした。

なのでアシパンでのイベントがヌルくなっていったのは、あまりに自分がファンコットに傾倒していったという原因がデカいですね。そしてこういう生活に限界が来ていた時に起きたのが、皆さんご存知の事件です……。

そして今だから書きますが、このファンコットを調べている中で不気味な体験もしています。こういった話はラジオやネットなどでは一切したことがなかったんですが、ファンコットを調査しだした初期のこと。とあるネットの2ちゃんねるのようなスレッド型匿名掲示板で、インドネシア在住の日本人駐在員達が、ドぎつい夜遊び情報を交換する現地のディスコ情報のスレッドを発見したことがありました。そこでは最近出回っているドラッグの効き目や相場、売春婦との遊び方、あの店は未成年が買えるなど、とにかく普通の日本人的な価値観を持った人なら確実に眉をひそめるであろう超ディープな、インドネシア駐在員達の留まるところを知らない景気の良い〝遊び方〟について、隠語を交えながら情報交換がなされていたのです。その中に時折「POWER OF MAGIC 最高」といった、ファンコットの名曲のタイトルやコタ地区のディスコの名称が散見されたのです。これを一目見て、「こりゃあ凄い。ファンコットはド不良の音楽だ」ということを悟りました。

更にファンコットの情報を求めてブログやSNSで提供を募ると、差出人不明の日本人から「これ以上FUNKY HOUSEについて調べない方がいい。立ち入らない方がいい。その方が身のためだ」という脅迫めいたメールが来たり、WEBメールのアカウントをインドネシアからハッキングされたりと、結構キナ臭い状況になっていきました。

また、ファンコットのルーツやDJ業界の成り立ちを調べる際に非常に尽力いただいた、バリ島で現役ファンコットDJをしていた日本人M氏が「組織に狙われてる」と毎晩電話をしてきて、その後なぜか音信不通になり、インドネシアのＤＪ達に行方を聞いても誰も知らなかったということもありました。「どうやらインドネシアのディスコ音楽のことを嗅ぎまわっている奴がいるらしい」「ラジオとかのメディアで、俺達がジャカルタでヤバい夜遊びをしまくってることをバラされては困る」ということなんでしょうか。

その後も何度か脅迫めいたことや不気味なことが起きたりして、ファンコットシーンの裏のどす黒い何かを感じることは多々ありました。それでも「こんなに面白い気の狂った音楽がインドネシアだけに収まっているのはもったいない！」「このままでは世界のダンスミュージック史からなかったことにされてしまう！」という一心で、自分の音楽活動も完全にファンコットのみに絞り、謎の使命感に駆られて現地にも渡り、ファンコット探求と伝道の活動は続きました。現地で見た光景はと言うと、高度にビジネス化されたＤＪ徒弟システムと、客の九割がドラッグを食って頭をガンガン振っているというヤバいものでしたが……。

こういった情報は「日本でのファンコット布教にはマイナスにしかならないだろう」ということで、公の場では一切喋っていなかったことですが、実際はドラッグやマフィアや売春とは切っても切り離せない音楽なんです。

現在の日本では、薬物にも不良にも全く縁のないようなオタクの子達もファンコットＤＪをやっており、またこのファンコットからクラブという世界に入った子も増えています。本場を見てきた自分からすると「ずいぶん健全だな～」と思う部分もありつつ、ファンコットのサウンド自体が純粋な形で歓迎されたということでもあり「それはそれで良かったな」と思うところもあります。

文化はその国によって適した形にローカライズされるので、まさにその形を取ったということなのかもしれません。また自分もファンコット自体の知名度を広めるために、本場では絶対にありえないようなアイドル楽曲やラップやレゲエのシーンとリンクしていったので、無意識のうちにローカライズ作業をしていたんだと思います。

また、最近では日本のファンコットシーンもイベントやDJで「現地派」「国産派」「アニメ・ゲーム派」のように細分化の兆しが見えてきていて、まだ時期が早いかなとは思いますが面白い現象だと思います。

ちなみに「現地派」から僕は「あいつがやってるのはファンコットじゃねえ！」と言われており、昔の日本語ラップが本場派に叩かれたみたいな現象が起きています。時代は繰り返すってことですね。

ただ、現地でとんでもなくワルくて華やかなDUGEM（デュゲム／インドネシア語で「きらびやかな世界・夜遊び」）の世界を見てしまうと、日本の健全かつ女性が少なく童貞が多そうなファンコットイベントは色々と考えさせられるところもありますが……。

一方で、面白いことに、日本のオタクの子達がファンコットをネットで発表するようになり、本場インドネシアのオタクの子達が日本のアニメやゲームの曲をファンコットでリミックスするというような状況も生まれていて、どう考えても「お前、現地のディスコはビビって行けないだろう」という現地の若い子達がファンコットのトラックメーカーをやってたりする状況は、日本から現地に与えた影響としては非常に面白いと思います。いわゆる産業化された現地ファンコットシーンに対する、アンダーグラウンドなファンコットが作られているという。インドネシアのド不良の音楽を日本がオタク化させて本家に還すという流れ。文化の伝播って見地から見ても面白いと思いませんか?

と、長い自己紹介になってしまいましたが、僕は「興味があることはとことん突き詰める」「危ないことも悪い(とされている)ことも、面白そうだったらやってみたくなる」という人間なので、今回の件はその性格が災いしたということもあるのかもしれませんね。と、他人事のように言ってますが……。

渋谷区の路上で大麻所持
ミュージシャンの男を逮捕
独
高野容疑者のツイッター
逮捕 ミュージシャン
高野政所《まんどころ》こと 高 野 勝 己容疑者(38)

第一章　トメノート

■留置場生活の始まり

いよいよ三九番こと、俺の留置場生活が始まることになった。

とは言うものの、何しろこちらは初めての逮捕経験であるし、昨夜の午前三時の逮捕から今朝までの刑事の取り調べに加え、先ほどの身体検査では我がムスコの包皮の中まで調べられており、心も身体も文字通りズタボロである。

身体検査後、カバンから財布の中身から何から何まで全部ブチまけられ、パンツとTシャツ以外の持ち物全てを没収され、ドブネズミ色のスウェットとジャージのズボンに着替えさせられた。これはテレビでよく見るような「犯罪者ファッションといえばコレ!」というスタイルだ。

また、タオル、歯磨き粉、歯ブラシ、プラスチックのコップ、石鹸、シャンプーなどの〝留置場アメニティグッズ〟的な物を「ハイ、じゃあこれ買ってもらうから。一二五〇円」と強制的に買わされた。まさに地獄の沙汰も金次第。これらは逮捕時に所持していた現金の中から差っ引かれるようだ。逮捕時にお金を持っていなかった人はどうするのかなとも思ったが、これはその後に分かることになる。

それから、何時にメシだ、何時に消灯だ、起床だ、何時に運動だ、何時に点検があるなどの説明と、『留置場生活のしおり』みたいな冊子を見せられた覚えがあるが、この風雲急を告げるような状況では、そんなことはちっとも頭に入ってきやしない。とりあえず、ガタイと被疑者に対する態度がXXXLサイズの若い担当官（中世ヨーロッパの監獄で言うところの獄卒）の促しによって居室（中世ヨーロッパで言うところの牢獄）に連れて行かれたのが、午前九時頃だったろうか。あちらさんにとっては日常の流れ作業みたいなものなのだろうが、こちとら今置かれている状況がよく分からないままに〝ブタ箱にブチ込まれ〟体験に突入したのだ。

この間に思ったことは、「下級市民落ちしたな～」ということだけだ。

それから担当官の一人に「ここにいる人間は基本的に犯罪を行った悪い奴で、中には暴力団の人間もいる。だから、自分のやったことや自分自身については細かく話さない方がいいし、変に仲良くしたりしない方がいい」と言われた記憶がある。

いつまで続くか分からない共同生活の中、誰も信じちゃいけないし、仲良くしてもいけない、そういうことなのか。恐ろしい、と思った。

俺こと三九番が入るのは第八居室、いわゆる雑居房というやつである。

映画やドラマで見るように、〝檻の中〟の人間は〝新入り〟がどんな人間なのかが気になるらしい。廊下を歩いて房に向かっていくと、檻の中の人間達がジロジロとこちらを見ているのが分かる。これは中に入って経験して分かることだが、留置場の生活に慣れてくると、毎日ほとんど刺激がない。なので入ってくる新入りがどんな奴かと注目するぐらいしか楽しみがないのであった。だから自分も新入りが来た時はジロジロと見てしまった。

檻の中に入れられ、担当官に「これからここに入る三九番だ。初めてなので色々教えてやってくれ」と紹介される。

「色々教えるってアレか？　新人歓迎的な洗礼の儀式的なアレか？　まずは先輩によるリンチとかがあるのか？　こ、こえぇ〜！」

第八居室には〝先輩〟が三人いた。一人は全てを見透かしたような目をした、妙な貫禄がある三〇代半ばと思われる中肉中背の男性〝三八番〟。もう一人は眼鏡をかけており、風邪なのか病気予防なのかマスクをしていて顔はよく見えないが、やや目に険のある三〇代前半くらいの男性〝一〇番〟。もう一人は明らかに日本人ではない東南アジア系の青年〝二八番〟。それぞれ雑誌や小説を読んでいる。「失礼します。これからお世話になります。よろしくお願いします」と挨拶をする。それぞれ「よろしくお願いします」と答えてくれる。

これは、いきなりリンチとかではなさそうだ。とはいえ、どんなにヤバくて怖い人達なのかも分からないので、ここで睨まれれば今後の生活に支障を来たすだろう。これから何日続くかも分からない地獄のごとき生活を大地獄にしないためにも、共同生活者に嫌われてはならないことぐらいは分かる。〝男は愛嬌、人間は礼儀から〟をモットーに乗り切らなくてはと、腐っても逮捕されても〝おもしろおじさん〟的スタンスを貫こうと決心する。

居室の広さは八畳くらいだろうか。全体的に白っぽい色で統一され、『独居房の夜』のサビ「鉄格子の上は金網」の通り、廊下に面する部分は鉄格子と金網によってしっかり囲われている。床は絨毯張りで「暑苦しいナイロン畳」ではない。椅子、机などの家具類は一切なく、ただただ絨毯張りである。奥の方にトイレと思しき個室がある。

そもそもこの時点では留置場と拘置所と刑務所の違いすらも分かっていなかったし、〝監獄モノ〟といえば羅王氏の『独居房の夜』や、安部譲二原作の漫画でアニメ化もされていて、偶然ハマって最近までHuluで観ていた『RAINBOW 二舎六房の七人』とか、古くは八〇年代のチョウ・ユンファ主演の香港映画『監獄風雲（邦題『プリズン・オン・ファイアー』）』くらいの知識しかない。監獄モノで有名な米ドラマ『プリズン・ブレイク』は観たことがなかった。とはいえ『独居房の夜』にしても『RAINBOW 二舎六房の七人』にしても、やたら昨今〝監獄モノ〟に強く惹かれていたのは、こうなることを無意識に予感していたからだったのだろうか。とにもかくにも皮肉なものである。

自己紹介の後、空いているスペースに腰を下ろす。

「初めてだってね？　どっかの組にいるの？」と、一〇番の眼鏡の男が話しかけてくる。話しぶりからして、この人は〝上級者〟だろうな。

「何やって入ったの？」「どこに住んでるの？」「仕事は？」「結婚してるの？」と色々なことを根掘り葉掘り聞いてくる人物で、割と親しく話しかけてくる感じの人だった。本人は「事務所が渋谷にある会社員」と言っていたが、現役でなくても〝本職〟なんだろうな、と思わせる人物だった。

自分のことを話すなと担当官には言われたが、大まかなことぐらいはいいだろうし、これで答えなくて変な雰囲気になっても嫌だと思ったので、細かくは言わないものの、大麻所持で捕まったこと、渋谷で店をやっていること、初めての逮捕であることなど、ある程度は正直に答えた。

一〇番「ふーん、クサねえ。ツイてなかったねえ。渋谷、最近多いんだよ。初犯だったらヨンパチ終わって、一〇日拘留からの更に一〇日勾留延長で起訴されて執行猶予だねえ。二二日間くらいだわ」

俺「はぁ……初めてのことなんで、よく分からないことだらけで……（ヨンパチって『独居房の夜』で聴いたことあるな。二二日間か……果たして長いのか短いのかも分からない）」

一〇番「まぁクサで初犯は執行猶予つくし、大したことねえよ。死ぬことねえんだし、どうせ二二日は出られないいんだから楽しくやろうや」

俺「ポジティブっすね（ああ、これは上級者確定だ）」

一〇番「俺は二〇代で五年ムショ入ってるからね。留置場なんてホテルと同じだよ」

俺「さすがっすね（気楽だなあ）」

ここで〝ヨンパチ〟について説明しよう。

あなたが警察に逮捕された時の〝明日は我が身〟的な豆知識として知っておいて欲しいのが刑事訴訟法第二〇三条で、「留置の必要があると思料するときは被疑者が身体を拘束された時から四十八時間以内に書類及び証拠物とともにこれを検察に送致する手続をしなければならない」とあり、原則として逮捕時から四八時間以内に、被疑者を釈放するか、事件を被疑者の身柄つきで検察に送る〝送検〟かを判断しなければならない。その四八時間をタイムリミットとして「こいつは犯罪を行ったことにほぼ間違いない。あとは検察の判断に任せよう」と認識した場合には検察に送致し、犯罪事実がない場合もしくは犯罪事実があっても軽微な場合は、この四八時間で釈放されることになっている。

この逮捕後の四八時間勾留を、俗称〝ヨンパチ〟という。

つまり、警察によって「逮捕！」となれば、まずは最低でもこのヨンパチは身柄を留置場に拘束されるということである。

とはいえ、ヨンパチで釈放されるのは軽犯罪法違反か迷惑防止条例違反くらいなもので、通常は四八時間で事件の大筋を取り調べ、検察官によってその大筋の確認の調書がとられた後、裁判所に一〇日間の勾留請求をされて事件の細部の調書をとられる。しかし、その一〇日間というのも有名無実で、必ずもう一〇日間の勾留延長、計二二日の勾留時間があり起訴、不起訴、起訴猶予などが決定されるのだ。

だから、とりあえず警察にパクられたら、よっぽどの軽い犯罪でない限りは基本的に二二日間の勾留は覚悟した方がいいということだ。

一〇番は担当官が見ていないのを見計らって壁をコツコツと叩く。隣の部屋の被留置者の一人が「もしもし」と反応する。鉄格子側に立って、呼びかけに答えた被留置者と声だけで会話をしている。

隣「ちぃーす。新入り三九番、どんな人っすか？　現役？」

一〇番「いや、カタギっすね。見た目イカツいけど」
隣「そうなんですね。見た目イカツいから、現役かと思ったんすけど。何やったんすか？」
一〇番「いや、違いますね。クサだそうです。むしろ癒し系って感じっすね」
隣「そうなんすね。見た目俺に似てますよね」
一〇番「ハハハ！　そっくりですね！　じゃ、また後で電話します。ちぃーす」

壁を叩いて隣の部屋の被留置者と話すことを〝電話〟と言うらしいこと、こうして〝新入り〟の情報は広まっていくのだということ、そして隣の部屋には俺に似ている被留置者がいるらしいことが分かった。

とりあえず俺は癒し系と認識されたようだ。俺が果たして本当に癒し系なのかはともかくとして、ひとまず敵意を持たれていないことが伝わったので胸を撫で下ろした。いきなりカマしたりしないで良かった。世の中、何事も穏便に、平和にが一番だ。

三八番は黙って雑誌を眺めている。二八番の東南アジア系の青年（後にベトナム人と分かった）は、興味がないのか日本語が分からないのかただただ寝転がっている。

一〇番は沈黙が苦手らしく、とにかく常に誰かしらと話をしているし、担当官にも愛想がよく気に入られている。三八番と話している内容は、明らかに我々とは違う社会の話で、どこの組がどうだとか、最近このシノギが、なんて裏社会の情報交換めいた話をしている。

「ああ、これは本職だ……」

一〇番は人の事情を詮索するのも好きだが自分の話をするのも大好きなようで、昔の武勇伝の数々や、今回の自分が入っている事件のことを悪びれず、むしろ誇示するかのように語る。

不良が過去のワル自慢をしたり、戦争に行った老人が「いやぁ、昔は露助《ろすけ》共を撃ち殺したもんだよ！」などと、その頃の戦争経験を誇らしげに語るというのはよくあるけど、まさにそれに近いものだと思う。

一〇番は本当にイケイケのハードコアで、「俺は二〇代前半で薬物と傷害で捕まって五年入ってた。怖いものはない」「俺の自由を奪おうとするものには容赦しない。誰であろうと潰してきた」「俺はシャバにいる時は、シャブを打って猛烈に働いている。全然寝ない。吐血しながら常に全力で走り続けてる。そういう生き方しかできない。だから、ここでの生活は俺にとっては休みみたいなものだ」とか「俺には女がいるが、その女が浮気をしている。ここから出たら俺を裏切った女を締め上げて必ず金を巻き上げてやる」みたいな話を実名をバンバン挙げて話してくれる。

その話が全部凄いので、こちらも「凄いっすね～」「ヤバいっすね～」とひたすら返すのみだ。だって本当にとんでもない凄い話しか出てこないのだから。かと思えば、ベトナム人の青年が何かをするたびに「てめぇ、この発展途上国が！　早く日本から出ていけよ！」と怒鳴る。いわゆるヘイトスピーチとかそういったスタンスは自分は賛同できないし、正直そういったことには反対意見を持ってはいるのだが、彼を庇ってヘタなことを言って、怒りの矛先が自分に向いたりすることを考えると正直怖いので、愛想笑いをする他なかった。一〇番の彼がいなくなったら、せめて自分はこのドン・キホーテで万引きをして捕まったベトナム人の青年には親切にしようと思った。すまん。

一〇番は今回、駅で駅員に暴行を働いたという疑いでここにいるそうだ。話を聞くと手が当たっただけらしいのだが、前科があることもあってここにしょっ引かれて来たらしく、本人もすぐ釈放だろうということだった。彼の破滅的で刺激的な話は面白いところもたくさんあるが、独特のイケイケなスタンスもあってか、話を聞くのにも緊張感があった。絶対に敵に回したくないタイプである。

そして物静かで落ち着いた印象のある三八番氏。この人は全国で一二億円にも及ぶ被害を出した振り込め詐欺師グループの幹部クラスで、いわゆる半グレという区分に入る人なんだろう。もちろん過去にはたくさんヤンチャもしていただろうし、お金も儲けている。一〇番も彼にはリスペクトを持って接していたように思う。事件が事件なだけに警察も躍起になって捜査し余罪を追及しているためか、長い勾留が続いていて、ここには既に一三〇日以上もいるベテランだ。あまりにも手口が巧妙かつ完璧すぎて、被害者のほとんどが騙されたこと自体に気付かず、被害届が五件、およそ二〇〇〇万円分の詐欺の証拠しか出ていないらしい。とはいえ、詐欺などの罪は基本的に勾留期間が長くなるのだという。歳は俺よりも少し若いくらいだが、裏社会での経験も非常に長く、留置場生活のこと、警察のこと、裁判のこと、裏社会のあらゆる知識に通じていて、正直もの凄くお世話になった人である。この場を借りて感謝したい。

自分がこういった体験が初めてであること、不安であることを話すと、自分の勾留期間の長さを自嘲したり、冗談交じりにアドバイスをくれたりした。担当官にも気に入られており、担当官によっては〝室長〟と呼ばれるくらいである。

もう一人が二八番。ベトナム人、二二歳の青年。通称サンちゃん。彼は日本語学校に通っていたらしいが、二年間勉強していたとは思えないくらい日本語が不自由で、英語もほとんど分からないことから意思疎通が非常に困難だ。どうやら実家が医者で金持ちらしく、要するに留学という名目で単に日本に遊びに来ていたという東南アジアのボンボンである。お坊ちゃん育ちにありがちな、お人好しな性格なのだろう。不法滞在していた不良ベトナム人の友達にそそのかされ、渋谷のドン・キホーテで五〇〇〇円ぐらいする何かは分からない薬を五つ、約二万五〇〇〇円相当を万引きする手伝いをし、その場で店員に取り押さえられ、窃盗罪で逮捕。この渋谷警察署留置場に勾留されている。

外国人ではあるが、俺と同様いわゆる裏社会の人間ではないのと、お人好しで優しい性格のため安心感があった。ただ、外国人ということで一〇番や担当官から目をつけられ、何かと苛められていた。俺はインドネシアもそうだが、アジア全般にシンパシーを感じている人間なので彼の話を根気よく聞いていたため、それなりに懐かれていたと思う。

彼らに俺を加えた四名、これが渋谷警察署留置場第八居室のその時点でのメンバーである。

二三日間に渡る勾留生活がどのようなものだったのか、これから順に語っていきたいと思う。

■留置初夜と当番弁護士

留置場に入り、最初の四八時間の拘束期間が始まった。通称〝ヨンパチ〟の期間である。この期間は面会はもちろん外部への接触ができない。自分がここにいることを外に伝える術がない。世間からすると、まさに神隠しに遭った状態である。

初めての留置場入りで精神的にも肉体的にも一番厳しい期間は、このヨンパチだと言える。この間は、後に説明する〝自弁《じべん》〟も〝官本《かんぽん》〟も使えないから、気晴らしの類は一切ない。昼食のパン食を済ませ、一〇番の武勇伝や裏社会の話を聞いたりしているうちに夕食（夕方五時）となる。

その後も雑談をしていると、あっという間に夜が訪れた。

留置場の就寝時間は夜九時。今どき小学生でもこんなに早くは寝ないだろう。ちなみに起床は朝六時。早寝早起きとはこのことだが、健康のために自ら望んでしているわけではない。数日間は精神的な不安もあって、眠ることは難しい。

布団に入り会話がなくなると、ディープな時間がやってくる。

「俺は何をやっているのだろう」「いつまでここにいるのだろう」という気持ちが湧いてくる。外の世界ではあまり聞くことのない怒鳴り声での命令口調の行動指示、時間も内容も決められた食事、留置場から取調室に向かう時にされる手錠と腰縄。一緒に過ごす人間達。全てが日常とは違う別世界である。

そして外界とは連絡を遮断されているので、自分が逮捕されてここにいることを伝えることができない。これがかなり効く。案の定、外では俺が行方不明になっていると大騒ぎになっていたらしい。

一体、周りにどれだけ心配をかけていることだろう。そして自分には、やりかけの仕事がたくさんあったことを思い出した。多くの人に迷惑をかけることになっているだろう。

これは逮捕勾留されてみないと分からないことだが、〝自分が犯してしまったことへの後悔と反省〟は、このヨンパチを含めた数日間に嫌と言うほど味わうことになった。そして、こんな夜がこれから二二日間も続くと思うと絶望の淵に立たされた。「やっぱり法律を破るとシャレにならんなあ……冗談じゃ済まされないなあ」と実感するのである。とめどもなく頭に浮かんでくる、不安と後悔と反省の念。

夜九時の就寝時間は過ぎているが、留置場の居室は蛍光灯が煌々と冷たい光を放っている。担当官の見廻り時に牢の中が見やすいようにする目的と、自殺や迷惑行為を起こさないようにとの配慮だろう。この明るさに慣れるのもなかなか辛い。

何とかして外に自分の状況を伝える術はないのか、と考えあぐね、初日の就寝前に〝先輩〟達に相談してみた。

もちろん電話をかけさせてもらうことは不可能。だが、とりあえずの連絡は、二日後くらいに行われる裁判所の勾留質問の時に、誰かに電話連絡してもらえるとのこと。しかしそれでは遅い。それによく考えたら電話番号が一つも分からない。皆さんもそうだろうが、最近はスマートフォンや携帯電話の電話帳にまかせっきりで、身内の電話番号ですら全く覚えていないのだ。

携帯電話はここに入る前の取り調べで、刑事に任意提出の証拠品として取り上げられている。皆さんはこういう時のために、一番身近な人の電話番号ぐらいは覚えておいた方がいいと思う。そんなわけで、取り調べ時に刑事に「番号を確認させてくれ」と頼んだとしても、「証拠隠滅の恐れアリ」として触れさせてくれないだろうから、最速で自分の消息を伝える方法は何か。とりあえず自分の住所は覚えている。自宅では彼女と同棲していたので、まずそこに消息を伝えたい、と考えた。

「住所が分かるなら手はある」と室長は教えてくれた。

室長「留置場に拘束されている被疑者は、いつ何時でも弁護士を呼ぶ権利があるから、弁護士を使って身内に連絡をしてもらう方法がある。ただ、電話番号が分からないんだったら、すぐに伝える方法だとすると電報しかない。弁護士を呼んで電報を頼むんだね」

俺「でも、俺、知り合いの弁護士とかいないし、そもそも外部に連絡が取れないのに、弁護士なんてどうやって呼ぶんですか?」

室長「留置場で拘束中の被疑者はヨンパチの期間中だろうが就寝時間中だろうが、弁護士を呼ぶことができる権利が保証されているのさ。決まった弁護士が現時点でいなくても、弁護士協会に当番弁護士というのが常駐していて、担当官に言って呼び出せばその日の当番で入っている弁護士が来てくれるよ。当番弁護士の接見を希望しますと担当官に頼めばいい。どんな奴が来るかは分からないし、基本、当番で入ってる奴だから、やる気はないけども、パシリを頼むくらいはできるから」

俺「なるほど。とりあえず担当官に頼めばいいんですね」

室長の助言により、恐る恐る担当官に呼びかけて当番弁護士の接見を願い出てみることにした。

担当官は「あ？　当番弁護士？　分かった。連絡してみるけど、もうこんな時間だから今夜は来ないかもしれないぞ」と、いかにも面倒くさそうに願いを聞き入れた。「身勝手なマネはするんじゃねえぞ」と入る時に怒られたのだが、夜中に弁護士を呼ぶことは〝身勝手〟に含まれないらしい。どうやら室長の言う通り、本当に被疑者からの弁護士接見の請求は断ることができないようである。

担当官が連絡を終えて戻ってくる。

「三九番、二三時頃に当番弁護士先生が来てくださるらしいから、待ってるように」

当番弁護士が来てくれるらしい。こんな制度も先輩達に教えてもらわなかったら分からなかったことだ。

俺「当番弁護士の先生、来てくれるそうです！」

室長「でしょう。まぁ初めてパクられると、こういうことも分からないからねえ。分かることなら答えるから、何でも聞いてよ」

俺「お世話になります」

どんなところにも親切な人はいるもんだよ。というわけで数十分後、当番弁護士の先生が到着した。

担当官に「三九番、弁護士接見」と声をかけられ、留置場の入り口近くの面会室に通される。面会室は皆さんも映画やテレビで見たことがあるだろう、被疑者と面会人の間が穴の開いたアクリル板で仕切られた、アレである。

通常の面会だと話の内容を監視するために担当官が横につくのだが、弁護士との接見は担当官がつかず、基本何を話していても大丈夫である。だから外の情報、共犯者の情報や取り調べの対策、時に証拠隠滅の打ち合わせまで、周囲を気にせず話すことができるのだ。人生で不幸にも被疑者になってしまった場合に、国に権利として認められているただ一人の味方なのである。

面会室に入ると、既に当番弁護士がアクリル板の向こうにいた。

当番弁護士は、飄々とした中年男性であった。俺は自分が逮捕された理由と、外に何とか連絡を取りたいのだが、携帯電話が押収されており電話番号が分からないので、住所に電報を打って欲しい旨を伝える。

弁護士によると「ちょっと電報は難しいけど、速達でハガキを送ることならできるよ。明日の朝に出せば明後日には届くだろう」ということだったので、とりあえずそれでも今はこれしか外に連絡する手段がないので、藁にもすがる思いで自分の住所を伝え、自分がこういうことで逮捕されて渋谷警察署にいるという内容のハガキを送ってもらうことにした。

弁護士「相談はそれだけですか？　もう選任の弁護士とか決まってます？」
俺「(これは選任弁護士の営業？　どのくらい費用がかかるものなんだろう？　でも、もう地獄にホトケというか、まぁここで出会ったのも何かの縁だし、この人にお願いしてもいいのかも) いや、特に知り合いの弁護士とかもいないので……」
弁護士「じゃあ、私がここで選任をお断りします、という証明書を出しておきましょう」
俺「え!?　どういうことですか？ (弁護士を選任する前に断られてしまうとは、俺の風体があまりにも悪人なので、弁護しても仕方がないと思ったのか？　冷たい弁護士さんだなあ……)」
弁護士「ここで私が選任を断ったという証明書があれば、国選弁護士をつけられるんですよ。私選弁護士を頼むと結構費用がかかるので、このくらいの事件だったら判決も決まっているようなものなので、国選弁護士をつけた方がいいですよ。ある程度貯金があったりすると私選弁護士を選ばなきゃいけないことになっちゃうんですけど、この証明書があれば国選を頼めますから」

俺「……は、はぁ。それじゃあお願いします（どうやらこの弁護士は俺のためを思って、頼んでもいないのに選任を断ると言ってるわけか。いまいち実感も湧かないし意味も分からないけど、言う通りにしておくか）」

弁護士「じゃあ証明書を書いておくので、それを取っておいてください。国選弁護士を頼む時に一緒に提出すればいいですよ」

俺「はい、分かりました。とりあえず連絡の方、くれぐれもよろしくお願いします」

弁護士「分かりました。明日の朝送っておきます」

弁護士の接見が終わり、面会終了の合図であるドア二回ノックをすると担当官が迎えに来て、また第八居室に戻された。

室長「弁護士、電報打ってくれるって？」

俺「電報は無理だって言ってたんで、ハガキを速達で送ってもらうことにしました」

室長「電報打てるはずなんだけどなー。そいつ面倒くさがったんじゃないかな。まぁ当番弁護士だからなあ」

俺「まぁ何もしないよりマシですから。あと、選任弁護士を断られました」

室長「え？　そうなの？　選任頼んだの？」

俺「いや、頼んでいないのに断られて。何か証明書があると国選弁護士を頼めるんだそうです」

室長「そうなんだ。俺、国選弁護士を頼んだことないからそれはよく分からないな。ひとまず今日中に手を打てることは打てたから安心したんじゃないの？　まあ国選弁護士だったら費用安いんで、当番がそう言ってるならそれはいいことじゃないかな」

俺「ハァ……助かりました」

室長「明日は朝から順送《じゅんそう》だから辛いよ。もう寝た方がいいですよ。寝られないと思うけど」

実際のところ何一つ安心していないのだが、何もできない状況からひとまず手を打つことができた。ところで順送って何だろう？　と思ったけど、よく考えたら昨夜から一睡もしていなかったので、急に疲れと眠気が襲ってきた。

願わくばこれが悪い夢であって欲しいし、目が覚めたら自宅だった、みたいな都合のいいことは起きないだろうか、などと考えてるうちに、留置場のせんべい布団で眠りについていた。

■「雑居房の夜」の話

「雑居房の夜」なんてタイトルを、羅王氏の名曲『独居房の夜』にかけて付けているのだが、留置場では実は〝房《ぼう》〟とは呼んでいない。〝第○居室〟という言い方をする。刑務所は今でも房って言ってるのかな？　懲罰房とか。房って言い方の方が非日常感がすごい。〝ドッキョボウ〟とか〝ザッキョボウ〟って、語感としてかなりワイルドだし、〝クサいメシ〟にしても〝ガラウケ（身元引受人）〟にしても〝オヤジ（刑務所の看守）〟にしても、かなりのアウトロー感溢れるガサツでぶっきらぼうな専門用語であり、普通にそういう言葉が飛び交ってるっていうのはなかなか表社会では経験できないので、不謹慎ながらもゾクゾクするものがある。

さて、ここでは留置場での寝泊まりの話をするとしよう。留置場での就寝時間は夜九時。ちなみに起床時間は朝六時なので、睡眠時間として割り当てられているのは九時間。自分はここ一〇年近く、朝に寝て昼頃起きるという夜型生活の上に、平均睡眠時間は五、六時間だったので、これには本当に参ってしまった。精神状態も酷いうえに、昼間だって寝転がって読書してるだけだから、肉体的に疲れてもいないし、どう考えてもそんなに寝られるわけがない。

夜八時頃になると、担当官の「就寝準備ィイイイ！」という声に促されて、各居室の鍵が順番に開けられて、布団置き場に布団を各自取りに行く。自分の留置番号の棚に布団と毛布二枚、枕があるので、それを抱えて居室に持ち帰る。この時点ではまだ布団は畳んだままで置いておく。

布団を運び終えると洗面の時間。学校でおなじみの廊下にある横長の洗面台で、これも部屋ごとに呼び出されて歯磨き、洗面を行うのだが、この時タオルを首にかけているとなぜか「コラァ！　首にかけるんじゃない！」と怒鳴られるので注意が必要だ。

若者から中年から爺さんまで横並びになって洗面するという経験は、〝ザ・共同生活〟って感じで、大人になるとなかなか体験できないので、これも懐かしいような新鮮な気持ちではある。

歯磨き中に水道水を出しっぱなしにして怒鳴られるということはなかったが、刑務所ではすげえ怒られるそうである。こういうことは結構あって、逆に〝留置場では怒られるけど、刑務所では怒られない〟こともあるらしく、厳しさの基準が分からない。

洗面が終わって居室に入ると就寝前の点検。点検についても後で詳しく話をしたいが、点検というものは担当官が最も気合を入れる部分で、ここぞとばかり張り切るのだが、こっちは慣れてくると「もう寝るのに。うるせえなコイツらは」ぐらいにしか思わない。

布団の敷き方は各部屋まちまちで、部屋の奥から四人が川の字で寝る部屋もあれば、我が第八居室のように、中心に足を向けて寝るところもある。布団の並べ方にルールはないようで、特に担当官からの注意はない。

いよいよ九時になると就寝時間だが、自殺を防いだり、不慮の事故やホモ行為、オナニーする奴がいないように、みたいな色々な理由があるのだろうと思うが、八本ある蛍光灯の一本が煌々と点灯したままなのだ。全然暗くない。

俺は寝る時は暗くしないと寝付けないタイプなので、これに慣れるのは大変だった。慣れないうちは全然寝付けない。もちろん就寝時間中は喋ることもできないし、本を読むこともできない。しかも九時間もある。自分のやってしまったことを反省する、迷惑をかけた人達のことを考える、自分が何者なのか、これから前科者として生きる自分の人生はどうなってしまうのか、一生出られないんじゃないか、あの人達に見捨てられるんじゃないか……ネガティブ思考の波が頭の中を駆け巡る。この夜の時間は本当に苦しく辛いものだった。が、明け方過ぎるといつの間にか寝ていた、なんてことはよくあった。

元来、争い事は嫌いなタイプだし、努めて揉めないように振る舞うので、共同生活に向いてないタイプというわけではないのだが、一つ大きな問題があった。苦労したというか、一番どうしようもなく気を遣ったのが〝イビキ問題〟だ。どうやら俺のイビキはかなりすさまじいらしい。前から同居人に「たまに無呼吸になってる」と言われることがあったのだが、どうやら留置場の廊下に響き渡るレベルだということで、これは結構な問題だった。

留置されてからの二日間は、かなりイケイケかつオラオラのアウトローな被留置者一〇番が同室だったので、この男に自分のイビキが原因で「てめえうるせえんだよ！」と恫喝されてしまったのだ。これは怖かった！　アウトローに詰め寄られる怖さ！　これにはひたすら平謝りしかないわけで、謝り倒しつつ解決の糸口を探る他はない。

で、当面の対策として、〝仰向け以外の横向き、うつ伏せなど、寝るポジションを工夫してみる〟〝イビキをかいたら起こされる〟というルールを作って納得してもらった。我が第八居室の特別ルールである。

もちろん悪気があってイビキをかいてるわけではないのだが、そもそも迷惑だというのは分かる。ただ、共同生活者に気の短いアウトローがいたりすると、こうしたことでもでっかいトラブルになることがあるので、イビキをかく人は逮捕されない方がいい。というか、イビキをかかなくても、もちろん逮捕はされない方がいいけど。

うつ伏せでイビキが防げることは分かったのだが、この体勢で寝ると非常に寝苦しい。なので、二二日間、夜になるのがただただ憂鬱であった。その〝イビキルール〟は自分が出る日まで適用されていたので、一晩に三、四回、多い時は五回以上も足首を掴まれて起こされるという日々が続いた。この調子で拘置所や刑務所に行っていたら、部屋のメンツの取り合わせによっては命がなかったかもしれない。

幸運なことに、一〇番は自分が留置されて三日目に釈放となったので、最初の三日間以降はピリピリせずに済んだのが唯一の救いであった。とはいえ、終盤は起こされることにも慣れてくるもので関係なく寝ていたのだが、朝起きた時に周りが眠そうにしていると申し訳なく思った。

ちなみに恐怖の一〇番がいなくなったあと、それはそれは気合いの入った見た目の、五〇代の現役本職の方が我が第八居室に入室してきた。すぐに〝ボス〟と呼ばれるようになるのだが、彼については第一章の最後に掲載されている漫画『実録・渋谷警察署内留置場第八居室　ボスと呼ばれた男!!』ジェントルメン中村・画（P.124）を読んでもらいたい。ボスはその見た目に反してとても明るくひょうきんな人物で、一〇番出所後の第八居室は割と平和に過ぎていくことになる。

■クサいメシとの遭遇　パート1

『天才バカボン』の中で目ン玉つながりのおまわりさんが「タイホする！」と言いながらピス

トルを発砲するシーンは有名だが、他にも他人を恫喝する時に「クサいメシ食わせたろか！」というセリフもある。これは、刑務所や拘置所の食事に出てくるご飯が麦飯で独特の匂いがすることから、〝クサいメシ〟と呼ばれるようになったらしい。現在は麦飯ではないらしいが、語感のワイルドさが凄いので、俺が約二〇日間に渡って食べることになった食事も〝クサいメシ〟と呼ぶことにする。

逮捕後すぐに渋谷警察署七階の組織犯罪対策課の取調室に連れていかれ、最初の取り調べが終わった後に初めて出された朝食が、人生初の〝クサいメシ〟との遭遇であった。某一〇〇均コンビニで売られているような二九〇円くらいの弁当のグレードを更に低くしたような、まさに〝エサ以上メシ未満〟といった感じのものだった。「すごいチープさだ！　これが噂に聞くクサいメシか……。でも普通の匂いだな」が最初の感想だ。コンビニ弁当のような容器の下面には〝ガチ弁〟の文字が。ガチ弁とはなんだ？　よく分からない。後で調べてみると〝中央化学　CTガチ弁　IK23-17E2　黒　本体（L）・蓋セット〟という物だった。「低価格お弁当に対応した容器です」という説明があり、なるほどな、と思った。

のりたま風のふりかけがかろうじて（〇・二gくらい）かかった冷や飯に、中身がパッサパサで衣の湿った四センチ×三センチくらいの白身魚のフライが一片。そしてピンク色をした恐らく大根の漬物が二切れ。付け合わせは覚えてないが、ほうれん草とミックスベジタブルが申し訳程度に入っていた。

これは凄い……見たことのないチープさだ。ただでさえ逮捕、取り調べで身体も精神も衰弱し切っているところへ、「メシあるから、食べて」と出されたそのインパクトたるや。「これがお前のような、下級市民には相応しい」と言わんばかりの貧相な弁当は、これから始まる留置場生活のダークさを物語っているようだった。そして、見たこともない小ささのプラスチックの湯のみに茶が出された。「奴隷とか捕虜って、こういう感じなんだろうな～」と、我が身にこれから訪れるであろう苦難の日々を十分に予感させるクサいメシとの遭遇であった。

これ以上ないダークな気分の中、「食べておかないと、これからの生活に耐えられないんだろうな……」と観念して、冷たくベトついた冷や飯と味気ない白身魚フライ（ソース、醤油などの調味料なし）をモソモソと口に運んだ。これが三食続くんだったら、出る頃にはすげえ痩せてんだろうなあ……とも思った。

後で分かることだが、取調室で出されたクサいメシは、本来留置場で出る食事からいくらかの要素を抜いた物であることが分かった。

留置場の一般的な朝食は先ほどのガチ弁と全く変わらないのだが、そこに一応インスタントの味噌汁（小分けにされてるパッケージに入ったもの）と、大きな茶碗で温かいお茶（おかわり自由）がつく。そしてソースと醤油が用意されるのである。

もちろんご飯自体は相変わらずの冷や飯で、申し訳程度のふりかけがかかっているものには違いないのだが、インスタント味噌汁がついているだけでだいぶ印象は違う。しかしメシそのものも、それを食う気持ちから言ってもお世辞にも美味しくはないわけで、味の薄いおかずや味噌汁、時にご飯にも醤油をドバドバかけてごまかして腹を満たすのだが、これでも美味しく感じるようになってくればあなたも立派な被疑者だと言えるだろう。

留置場での単調な生活の中で、クサいメシとはいえやはり食事は大事なイベントであり、本当に数少ない楽しみの一つである。食事の時間は朝食が七時、昼食が一二時、夕食が五時。食事の時間が近づくと、担当官が各居室の鉄格子の差し入れ口にゴザを運んでくる（ゴザなんて一〇年振りくらいに目にしたよ）。そのゴザを差し入れ口から引き入れて、入り口付近に敷く。四人部屋なのでそのゴザを取り囲むように集まる。もちろんテーブルなんてものはないので、このゴザがテーブル代わりである。食事は全てその差し入れ口から担当官の手によって入れられる。基本的に温かい食事は皆無。唯一温かいとされている〝自弁（これは別項で説明する）〟のキツネそば・うどんですら生ぬるい。そう、『北斗の拳』的に言えば、「貴様らには地獄すら生ぬるい」。


【朝食】

朝六時に「起床ォォォォオオオオオ〜！」という担当官の叫びで叩き起こされ、布団を運び出す。居室の掃除を行い、洗面を順番に済ませる。お決まりのゴザが運ばれ、四人であぐらをかいて取り囲む。差し入れ口に一番近いメンバー（第八居室の場合はサンちゃん）が、ガチ弁やお椀を受け取る。インスタント味噌汁パックを受け取ると、自分で中身をひり出す。この匂いを嗅ぐと「ああ、留置場の朝メシだ」と思うようになる。差し入れ口はちょっとした物が置けるようになっていて、そこにウンコ風の味噌汁の素が入ったお椀を差し出し、お湯を注いでもらう。ラグビーの試合で使われるようなデカいやかんから湯が注がれたお椀を、またメンバーに廻す。

メインとなるガチ弁に入った弁当は、シャバ基準で考えるととてつもなくショボい。「こんなのどこで売ってるの?」というレベルである。それが各人に行き渡ると、食卓用の容器（押すとピューッと中身が出てくるやつ）に入った醤油とソースが入れられる。この二つの組み合わせは、通称〝ソーシュー〟である。正しくは〝ソーショー〟だと思うが、言いにくいから〝ソーシュー〟なのだろう。

基本的に留置場メシは味が薄いので、このソーシューを使って味を調整する。第八居室ではこの醤油を味噌汁にドバドバかけるのが流行していた。おかず（フライでもコロッケでも魚でも小さい一切れ）にも、種類に合わせてソースか醤油をかける。サイドにはだいたい切り干し大根、ひじき、キュウリとワカメの酢の物などがあり、十中八九は激マズなので、こちらにも醤油をぶっかけることが多い。室長なんかはご飯にも醤油をかけていた。

皆が一通り味付けを終えると、担当官に「ソーシュー、もう終わった?」と聞かれ、皆が使い終わっていれば次の部屋にソーシューは運ばれる。つまり食べてる途中に味の調整ができないので、一回のチャンスでそれぞれの味を見極めて直感とフィーリングで調整をする必要がある。サン青年は酢の物あたりにソースをかけてしまったことでもあったのか、ビビってソーシューを使わないことが多い。更に、茶碗で温かいお茶も出てくる。基本的に留置場メシで温かいものは先ほどの味噌汁とお茶、それから昼食に出てくる〝お湯〟のみである。

【昼食】

留置場の昼食は基本パン食である。食パンが四枚。不自然に大きなビニール袋に、だいたい八枚切りくらいの厚さの食パンが入っている。それに小中学校の給食に出てきたような袋詰めのマーガリンとイチゴジャム、りんごジャム、ピーナッツペースト、チョコレートペーストの中からランダムに二袋が出てくる。それから一〇センチ四方くらいの大きさの透明の惣菜パックに、しょんぼり感満載のおかずがつく。

内容はウインナーソーセージ一本とケチャップをからめたスパゲッティだとか、チキンナゲット一個にポテトサラダ、変わり種だと冷えてべっちょべちょになったタコ焼きと、輪ゴムみたいな硬さのやたらシナモンっぽい匂いの焼きそばという、夜店チックな組み合わせも登場する(もちろん全部マズい)。

それからシャバでもあまり見かけない〝エルビー〟というメーカーの紙パックジュース。こちらは薬臭い濃縮還元一〇〇パーセントのオレンジジュース、ピーチ、アップル、ヨーグルト風味の乳酸菌飲料がランダムで一つ出てくる。

もう飲み物は十分あるっつーのに、更に茶碗に白湯もついてくる。こちらは飲み放題……って、白湯飲み放題って。白湯なんて滅多に飲まないよ! ワシらは病人か!

上級者はお湯の中にパン用のペーストを湯せんしておき、塗りやすいように柔らかくすることもある。白湯は飲まずにトイレに流す。

パンはもちろん高級ダブルソフト! なんてことは絶対になく、その辺で売ってる安い食パンより更に安い感じの、今どきこんなのどこで売ってるんだという代物だ。この留置場生活の〝うっすらとした不快感〟は、こういうそこかしこに現われているのである。

■クサいメシとの遭遇 パート2 自弁編

留置場から出てきて一番多く人に聞かれたのは食事のことなのだが、これから書く〝自弁〟のことはあまり知られていないと思う。

留置場の昼食時には、留置場生活最大の楽しみである〝自弁〟というシステムがある。自弁とは、本来自らが費用を負担すること（自腹とも言う）の意味だが、留置場の自弁とは留置場で自動的に支給される昼食（パン食）とは別に、自分で購入できる食事のことである。逮捕時の所持金や差し入れてもらうお金で、通常の留置メシよりも少しはマシなものを食べることができる。料金は一律五〇〇円。朝食、夕食には適用されず、月〜金曜日の昼食のみだが、もっともシャバに近い味が楽しめるのだ。各曜日三種類ほど用意されていて、その中から一つを選んで注文する。前日の午後に担当官が御用聞きのように各居室を廻って注文を取ってくれる。「三九番、「八室自弁、明日、鶏から、カツ丼、キツネそば・うどん！」と声をかけてくるので、カツ丼お願いします！」と注文する。

渋谷警察署の二〇一五年三月時点の自弁メニューは次の通りである。どのメニューも渋谷警察署内の食堂で作られているとのことなので、恐らくこの署に在籍する警察官もこれと同じものを食べているのだろう。

◎月曜日

【鶏から弁当】

これは自弁の中でも美味しいメニューに属するだろう。鶏の唐揚げはもちろん温かくはないが、ガーリックの風味が結構効いている。冷えてはいるものの湿ってベチョベチョにはなっておらず、それなりに衣にサクサク感が残っている。これが四つと、付け合わせのおかずが多少入っている。ボリュームもそれなりにあり、これは多分温かかったら結構美味しいのだろうと思えるが、コンビニや街の弁当屋だったら五〇〇円はちょっと高い気もする。

【カツ丼】

こちらもなかなかの人気メニューである。長方形の仕切り無しの弁当箱に詰められている。何が嬉しいかと言うと、紅生姜が付いていることだ。こういうパンチの効いた味のものは留置場内ではなかなか食べられないので尚更有り難い。カツ自体にあまり肉感は感じられないが、味は立ち食いそば屋のカツ丼を想像してもらって構わない。こちらも冷えてはいるが、温かかったら五〇〇円でもそれなりに満足できるものだと言える。

【キツネそば・うどん】

こちらは発泡スチロールのどんぶりに油揚げとそば（うどん）が、だし汁がかかってない状態で運ばれてくる。これに担当官が差し入れ口で、魔法瓶に入っただし汁をかけてくれる。一応唯一の留置場の〝温かメニュー〟のはずなのだが、だし汁は正直生ぬるく、温かいというレベルではない。この内容で五〇〇円と考えるとぼったくり感がすさまじく、正直トラップメニューといったところだ。留置期間の長い人は〝ご飯ものに飽きた〟という理由でそれを承知で食べたりもするらしいが、まぁお勧めはできない。

◎火曜日

【鶏照り丼】

渋谷警察署留置場の自弁で、一番マシと言われているのがこの鶏照り丼である。基本的に味が濃くボリューム感のある食事に飢えているので、かなり有り難い。弁当箱に敷き詰められたご飯の上に、脂身の少ない味の濃い鶏肉とキャベツ、もやしなどの野菜炒めが載っている。妥当な市場価格で考えると、四八〇円くらいの感覚だろうか。

【シーフードフライ弁当】

シーフードということでエビフライでも入っているのかな、と思えばそうではなく、普通のイカフライと普通の白身魚のフライが一つずつ、それ以外はまぁお決まりの付け合わせが多少入った、特に華もない普通の弁当だ。もちろん揚げたてだったり、レンジで温めてもらえればそれなりなんだろうが。タルタルソースなどの気の利いたものはついていないので、いつものソーシューを使って味付けをする。ただ、渋谷警察署留置場のメシでは何かにつけてこの白身魚のフライが出てくるから、わざわざ食べなくてもという内容だ。自分で妥当な値段をつけるとしたら三七〇円。

【ミートソーススパゲッティ】

残念ながら（幸いなことに?）、留置期間の関係でこれを食べることはなかった。とはいえ一応どんなものなのかを聞いてみたところ、室長曰く、もちろん温かいわけはなく「普通にマズいですよ」とのこと。自分の勾留期間中、同室の面々も誰も手を出していなかったので、恐らくそういうことなのだろう。

◎水曜日

【鮭のり弁当】

日本全国で弁当の王道とも言える、鮭のり弁。果たして留置場の自弁の鮭のり弁はどんな感じなのかというと、こちらも仕切りの無い弁当箱にご飯が敷いてあり、その上におかか、のりが載っている。そしてその上にちょっと粕漬けっぽい匂いのある、あまり美味しいとは思えない身が硬めの焼き鮭、それからまたしても白身魚のフライである。シーフードフライ弁当に入っていたものと全く同じものだと思われる。某有名弁当店でも四七〇円程度なので、それより内容物が少なくてその値段はねえだろ感はあるが、それでも食パン四枚よりはマシなので頼んでしまうのだ。ちなみにサン青年はのりが食べられないらしく、ご飯から剥がして捨てていた。のり弁なのに！　確かに海外の人から見たら、あの黒い薄っぺらいものが食べ物とは思えないのかもしれない。客観的に見ると結構変な食べ物だよな、のりって。

【カツカレー】

「おいおい！　何てこった！　トンカツとカレーライスが一緒に楽しめるなんて！　嬉しくて気が狂いそうだ！」と、日本人だったら誰もが叫ぶくらい、恐らく嫌いな人はいないであろう食べ物の一つ、カツカレーである。楕円形の左右二つの仕切りに分かれた、ちょっと深目の発泡スチロール容器で出てくる。大きめのスペースにはカレーライスとカツ、もう一つのスペースにはマヨネーズがかかった生野菜のスライスが入っている。よく考えたら自弁でマヨネーズの味が楽しめるのは、これと後に出てくるシーフードカレーだけかもしれない。肝心のカレーライスは、〝日本の家庭のカレーライスの味〟というか、作って二日目の朝に食べる、あのカレーの味である。ニンジンなどの具も結構大きくてゴロゴロ入っている。カツは恐らく月曜日のカツ丼と同じもの。ちょっと成型肉っぽい感じの舌ざわりのアレである。これが三切れ。惜しむらくはやっぱりご飯もカレーも冷めているってことだ。温かかったらそれなりにイケるのではないかなあ。冷たいカレーが許せない人は無理だろう。

【キツネそば・うどん】

渋谷警察署留置場名物のトラップメニューが水曜日にも用意されている。再逮捕、再起訴が続いてしまって、勾留期間が長くなってしまい、自弁で食べるモノがなくなってしまった人や、それでもそばやうどんがどうしても食べたい、という人はどうぞご自由にという感じだろうか。

◎木曜日

【牛丼弁当】

木曜日はなぜか毎回地検に護送されていて自弁が頼めなかったので、あくまでも伝聞でしかないのだが、食べた人によるとカツ丼やシーフードフライ弁当と同じく長方形の仕切り無しの弁当箱にご飯が敷き詰められ、その上に牛肉が、というパターンらしい。牛肉特有の冷えて脂分が白くなっちゃったやつという感じだが、味はまあまあとのこと。これも紅生姜が付いている。冷めた牛丼弁当に五〇〇円は高いよね。

【スパゲッティナポリタン】

こちらも室長による感想になってしまうが、〝普通にマズい〟とのこと。これも自分の勾留期間中、同室の面々が誰も手を出していなかったので、恐らくそういうことなんではなかろうかと推測される。ミートソーススパゲッティと同じだ。

【ハンバーグ弁当】

というわけでこれも食べることができなかったので、誰か逮捕されたら俺の代わりに食べてみて報告して欲しい。嫌だと思うけど。いわゆる湯せんっぽいハンバーグで、まあ、マズいとのこと。

ここまで書いてきて、結局各曜日にトラップメニューがあるので、自弁といってもあまり選択肢がないのではないか、という気がしてきた。まぁ留置場なんでそんなもんだよね。

◎金曜日
【焼肉弁当】

わーい！　焼肉だ！　といっても、シャバでも焼肉なんて滅多に食べられないんだけどね。焼肉弁当、お祭しの通り牛肉ではなくて豚肉。中華料理屋とか定食屋にある〝豚焼肉丼〟だ。タレにつけ込んだバラ肉がご飯の上に野菜炒めと一緒に載っている、というもの。鶏照り丼の鶏肉が焼肉に変わったバージョンである。味は、もう何というか普通としか言いようがない。これで五〇〇円は高いな。


【シーフードカレー】

これは自分は食べられなかったのだが、サン青年に注文させてみたところ、月曜日のカツカレーのカツが白身魚フライ（またかよ！）に差し替えられたバージョンだった。サンちゃんはそれなりに美味しそうに食べていたが（ベトナムにカレーはあるのか?）、彼は異国の地の大都市の留置場の中で、どんな気持ちで自弁を食べていたんだろう。想像がつかない。

【焼きそば】

焼きそば五〇〇円ってテキ屋じゃないんだからさ、なかなかの強気な値段設定だ。こちらは楕円形のプラ容器に、美味しいともマズいとも言えない焼きそばが盛られており、その上に定番の白身魚のフライ（本当に渋谷の留置場はこればっかりだな！）が乗っている。決して魅力的なメニューとは言えないのだが、実はこれには裏技があって、昼食のデフォルトメニューの食パンと組み合わせることで、〝焼きそばパン〟〝白身魚フライサンド〟をその場で作って食べることができるというのがナイスポイントではないだろうか。ちょっとしたアイディアで退屈な留置場の食事にスパイスを！って意味でも、意外とお勧めの裏メニュー。逮捕された際には是非。

以上が自弁の簡単なレビューだが、もし友達や家族が逮捕されて渋谷警察署の留置場に留置された時は、このような自弁が心の救いになってるんだろうなと思ってあげて欲しい。

噂ではあるが、新宿警察署の留置場ではコーラが自弁購入できるとか、長野中央警察署ではカップラーメンが購入できる、なんて話もあった。留置場メシマニア（いねえよ）の方は全国津々浦々、色々な警察署の管轄で逮捕されなきゃならないので大変だなあ。

土曜日、日曜日はまたとんでもない自弁があるのだが、こちらは次の項で。

■クサいメシとの遭遇　パート3

土曜日、日曜日は世間一般では楽しい週末であるが、ここ留置場では一つもいいことがない。理由の一つとしては自弁が無くなるということである。正確には無くなりはしないのだが、ぐっとグレードが下がって、もはや別次元だ。というのも、土曜日の昼食に頼める自弁は飲み物だけなのだ。つまり、規定の食パン四枚としょぼいオカズ、紙パックのジュースにお湯、そこに紙パックジュースが追加購入できるということだが、紙パックジュース二つにお湯……って飲み物ばっかりだ！　ナメとんのか！　下痢するわ‼　とは思うのだが、食べ物が自由に手に入らない檻の中の人間は、けなげにも紙パックの自弁購入をしてしまうのだ。

購入できるのは、カフェオレ、牛乳、野菜ジュースの三種類の中から一つ。しかも一五〇円もする。紙パック飲料が一五〇円って……。シャバにいても、自分から飲もうと思う優先順位が低い飲み物ばかりであるのが悲しい。しかも食事時間以外の飲食は許されておらず、居室に置いておき後で飲むことができないので、紙パックのジュースとお湯がついてくるパン食を食べた直後に、自弁購入した野菜ジュースなりカフェオレを続けて飲まなくてはならない。

外の世界だったら「これ以上飲んだら、胃が水分でガバガバになるからもう飲まない！」と断るはずの状況である。それでも紙パックを購入してしまう被留置者の情けなさよ。

自弁購入という権利を行使したいがため、己に許された自由を少しでも感じたいがために「頼めるものは頼む、飲めるものは飲む」となるこの気持ちを皆さんは理解できるだろうか？留置場の土曜日、それは被留置者の腸に負担をかける曜日なのである。

日曜日も土曜日と同じく憂鬱だ。日曜日は土曜日の紙パック飲料に加えてお菓子が購入できる。なぜ土曜日はお菓子の購入ができない？　なぜ日曜日だけ？　そんな疑問を持つことは許されない。とりあえず「頼めるものは頼む」スタンスの被留置者にとって、お菓子もまた必ず頼んでしまう代物なのだ。

セレクションがまた何とも言えない。そんな留置場スイーツを紹介しよう。

お菓子は三種類用意されていて、どら焼き、ロールカステラ、ジャイアントカプリコの中から一つを選ぶことができる。

どら焼きは自分では食べなかったが、ボスが一回頼んでいたのを見るからに、おばあちゃんの家で出てくるフィルムで個別包装された、妙にしっとりしてるけど決してフワフワ感のないモソモソした食感のものだ。

ボスも「このどら焼きは想像していたのと違うなあ」と言って二度と頼むことはなくなったので、多分そういう味だったのだろう。

ロールカステラは、普通に言うとロールケーキである。ホイップクリーム風の白いクリームと共に、伊達巻のように巻かれたカステラをカットしたものが一切れ。一見すると美味しそうに見えるが、それを期待して食べてみると残念な味と言わざるを得ない。とにかくモソモソなのだ。今どき一五〇円も出せばもっといいものがあるだろうが、それをここに期待してはいけないのだった。

そしてジャイアントカプリコ。日本が誇る超一流お菓子メーカー、グリコのメジャーなお菓子である。味はいちごのみ。少なくとも他の二つよりはブランドによる安心感が違う。昔、何度か食べたことがあったが、今見るとそこまでのジャイアント感はない気がする。後日ネットで調べてみると「小さくなった」という意見もあり、原材料費の高騰や消費税の影響で小さくなったのであろう。しかし久しぶりに食べるカプリコは本当に美味しかった！　独特の歯ごたえのあるエアインチョコといちごの香料のからみが絶妙で、コーン部分もサクサクだ。さすが日本の一流お菓子！　ということで、我々としても選択肢は当然ジャイアントカプリコしかなくなる。だから殺人犯も強盗犯も泥棒も、揃って日曜日にはジャイアントカプリコを頼む。大の大人がジャイアントカプリコだ。

一二億円の被害を出したスーパー詐欺師と、指二本がない本職のおじさん、万引きベトナム人と一緒に、同じゴザを囲んでジャイアントカプリコ（いちご味）を一心不乱に食べるなんてことが自分の人生に訪れるとは夢にも思わなかったので、これはこれで相当レアで珍奇な経験になった。

日曜日の飲み物とお菓子の自弁購入価格は三〇〇円である。

カプリコの標準小売価格は一〇〇円だし、紙パック飲料が二〇〇円もするわけないと考えると、乗っけた値段の儲けは一体どこに行ってるのか？　警察署の売り上げか？

余談だが、昼食と夕食の時間にはＢＧＭがかかっている。三〇分の食事時間の前半一五分は、恐らく公共放送のラジオニュースの録音が流れているのだが、音量が小さいので何を言ってるのか全然分からない。そしてその後に音楽に切り替わるのだが（誰もまともに聴いてないとは思うが）、そこでかかるのは、特に差し障りのないようなスーパーでかかっているような曲で、たいがいは九〇年代、二〇〇〇年代のＪ－ＰＯＰヒット曲のインストアレンジだったりする。

自分が覚えているのはこのあたり。

ＺＡＲＤ『負けないで』→「うるせえよ！　色々負けてここにいるんだよ！」

ＳＭＡＰ『世界に一つだけの花』→「オンリーワンよりナンバーワンの犯罪者になれってか？」

岡本真夜『ＴＯＭＯＲＲＯＷ』→「涙の数だけ強くなれるって？　十分泣いてっから早く出してくれよ！」

このように、歌詞に込められたメッセージ全てがこの状況では「余計なお世話」「白々しい」といった感じで聴こえてくるので、インストヴァージョンになっているのかもしれない。選曲は音楽が好きな担当官がやっているのだろうか？　俺もＤＪの端くれとして、選曲には注目していきたいところだ。

このＪ－ＰＯＰアレンジの次に多かったのが、ジブリアニメ主題歌のインストだ。『となりのトトロ』や『天空の城ラピュタ』の聞き覚えのあるメロディーが流れる。しかし先ほどの状況を思い出して欲しい。詐欺師とヤクザとベトナム人と大麻で捕まったDJのおじさんが、『崖の上のポニョ』のBGMが流れる中で、ゴザを取り囲んでジャイアントカプリコ（いちご味）を一心不乱に貪り食う姿を！　笑えねぇ～！　けどめちゃくちゃ笑えるだろう？　でも情けねえ～！

更に、ここにひねりを加えたというか、完全に笑わせにかかってる選曲をしてくることがある。食事の途中にもかかわらず思わず噴き出してしまったのが、『暴れん坊将軍のテーマ』だった。恐らく時代劇BGMのコンピレーションCDをかけているのだろう、『暴れん坊将軍のテーマ』の後にバージョン違い（多分戦闘中バージョン）の『暴れん坊将軍のテーマ』がかかり、その後『必殺仕事人』のテーマが何パターンかかかるのだ。ただの『暴れん坊将軍のテーマ』だけだったら、「ふーん、面白いと思ってかけてんだねえ」くらいですむのだが、バージョン違いでもう一回かかるという、CDアルバムを垂れ流しにする雑な感じが、どうしても面白くて反応してしまったのである。

室長が「こいつら、笑わそうと思ってやってますから、こんなもんに反応しちゃダメですよ」と冷静に言い放った。「確かに」と思った。こういう細かいところでも、被留置者と担当官の意地と誇りをかけたバトルはあるのである。

ある時は異常なまでに荘厳なオペラのCDがかかっていることもあって、それはなぜだか分からないけど無性に腹が立ったなあ。

■運動は運動の時間にあらず

留置場内の気分転換は、朝食後にある〝運動〟の時間である。運動と言っても激しく運動するわけではない。広さにして一〇畳くらいの天井が吹き抜けになっているスペースに、一〇人ずつくらいで誘導される。時間は一五分程度である。

運動の時間のメリットは、〝外の空気を吸える〟〝ヒゲ剃りができる〟〝爪切りができる〟〝同室以外の被留置者と話ができる〟〝その気になればラジオ体操くらいはできる〟である。

数年前はタバコが二本まで支給されて喫煙できたそうだが、今では全面禁煙になってしまった。羅王氏の『独居房の夜』では「朝の一服タバコ2本」という歌詞があり、その時間でタバコが吸えるのかと期待していたのだが、それは叶わなかった。愛煙家であっても留置期間は強制的に禁煙することになる。ただ、自分の意思で行ったわけではなく強制的にさせられる禁煙なので、そのままタバコをやめようという気に俺はならなかった。

余談だが、今のご時世タバコをやめるのが正義のような風潮があるが、そうまでしてみんな長生きしたいのか甚だ疑問である。現代に生きている以上、ジャンクフードやら何やら、知らないうちに色々な毒物をガンガン摂取してるのだから、タバコを吸ったくらいで短くなる寿命なんてたかが知れている気がする。人間は遅かれ早かれ死ぬんだよ。身体に良くないことは百も承知で吸ってるんだから、マナーさえ守ってたら別にいいじゃないの。かの立川談志師匠も「タバコをやめるなんてのは、意思の弱い奴がすることですよ」と仰ってるしね。

話が逸れたが、とにかく現在の留置場生活ではタバコが吸えなくなったということである。それでも運動の時間は、単調で息苦しい留置場生活の中で、唯一外の空気が吸えて外気温を感じられる貴重な時間であり、気分転換としては多いに意味がある。そしてこの時間に身だしなみとしてヒゲを剃ることができる。なぜ運動の時間にヒゲ剃りなのかはよく分からないが、とにかくそうなのである。

ヒゲ剃りにはT字カミソリではなく、電気シェーバーの貸し出しがある。電気シェーバーは基本的に伸び始めの短いヒゲにしか使用できないので、ある程度伸びちゃっていると、その部分は際限なく伸びることになるので注意が必要だ。恐らくT字カミソリは自殺の道具や凶器になるので、禁じられているのだろう。

運動場の入り口に箱が置かれ、そこで電気シェーバーを借りて、場内に設置してある鏡を使ってヒゲを剃る。シェーバーが複数個残っている場合は、ガタが来てるシェーバーが交ざっているので、それぞれスイッチを入れてみて勢いのある物を使った方がいい。皆運動はせずに鏡の前でジョリジョリやっている。自分は坊主頭なので隙を見て髪の毛もジョリジョリやっていた。多分見つかると注意されるので、こっそりやること。

運動場の入り口のところで、担当官がシェーバーの掃除をせっせとやっている。仕事とはいえ被留置者のメシの世話からシェーバーの掃除までやらないといけないとは、決して楽な仕事じゃない。

爪切りも借りることができて、運動場の端にある排水口みたいなところで爪を切る。ちゃんとゴミ箱を用意すりゃいいと思うがないので、いつも排水口の周りは爪の切りカスが散乱している。

ヒゲ剃りが終わると被留置者同士の情報交換タイムである。「何して入ってきたんですか？」「俺と同じだねー！」「シャバではどんな仕事を？」「取り調べは厳しい？」「あの担当官は厳しいから気をつけなよ」「弁護士は頼りになるの？」なんて会話が、担当官が聞いてる中でも割と堂々と繰り広げられている。

留置場担当の部署と取り調べを担当する刑事課は全くの別組織なので、留置場で何を話していようが証拠にはならない。ただ、被留置者の中にスパイがいるらしい、なんて話もまことしやかに流れている。

俺の場合は、やはり同じく大麻で逮捕された被留置者と話すことが多かった。一つの居室には同じ犯罪を行った人間は一緒に留置されないようになっているので、〝同じ穴のムジナ〟と話せるのは基本ここだけであり、シャバでも共通の趣味があると話が盛り上がるのと同様に、同じ罪を犯していると話が盛り上がる。適当にサグを気取りながら話を合わせているのも面白いものだった。

こんな感じの会話で分かる通り、留置されている人間は自分の犯罪行為に対して特に反省はしていない。むしろ捕まったこと、ヘタこいたこと自体を反省しているのだ。恐らく詐欺も傷害も窃盗においてもそんなものだろう。だから日本から犯罪は無くならないんだよな。

一番驚いたのが、地検への護送の際に一緒になった、覚醒剤で逮捕された被留置者と話をしている時だった。
「仕事何してんの？」と聞かれたので適当に「あー、バーでお酒作ってます。バーテンっすよ」と嘘ではないがそれが全てではないような会話をして話は一段落したのだが、その会話の直後、人の良さそうなある一人の中年男性から声をかけられた。

男性「……ACID PANDA CAFEですよね？」
俺「えっ!? (何で知ってるの!?　お客さん!?)」
男性「ラジオ聴いてましたよ！」
俺「えっ！　あ、あ、ありがとうございます……(ゲ～ッ！　俺って意外に有名!!　まさか同じ留置場に留置されている人間の中に、ラジオリスナーがいたとは……！)」
男性「まさかこんなところでお会いできるとは」
俺「いや～本当ですね～。まさかリスナーさんがいるとは。お恥ずかしい(そりゃこっちのセリフだって。いや～、そうか～、こりゃ恥ずかしいトコ見られたなあ～)」
男性「僕、もうすぐ出るんで、『タマフル』に言付けとかあります？　番組にメールしときますよ」
俺「え!?　あ、あの生きてますって伝えておいてください(なんだよ言付けって……先日、宇多丸さんも面会に来てくれたし、何を言ったらいいのよ俺は)」

という世にも珍しい会話が交わされたのであった。あの男性は何をしてここに入ってきたのかなあ。

釈放されてからこの話を『タマフル』スタッフの皆さんにお話しする機会があったのだが、やはり一様に驚かれていた。そりゃ驚くよなあ。

自分の逮捕勾留がニュースとして報道されたのは知っていたが、まさか留置場内でAMラジオというメディアの凄さを思い知ることになるとは。TBSラジオ恐るべし。世の中、誰が見てるか分からない。つくづく悪いことはできないものである。

というわけで、運動の時間は運動をする時間ではなく、貴重な情報交換と気分転換の時間なのであった。

■クサいクソ　留置場のトイレの話

クサいメシのことを説明したら、やっぱりクサいものの話をしなければならない。人間は衣食住の他に、排泄も必要不可欠である。色々な人に聞かれることが多かったので、ここでは留置場のトイレ事情について書きたいと思う。

留置場のトイレは各居室に備え付けてある。羅王氏の『独居房の夜』では「便所丸見えでガラス張り」という歌詞があるが、丸見えではない。ただ窓がついているので、丸見えにしようと思えばできる感じではある。そして一応タイル張りの個室になってはいるが、ドアに鍵などはかからない。

西部劇に出てくるバーの入り口みたいな扉、開けるとバネで自動で閉まるアレ、スイングドアと言うらしいが、あの方式で扉がついている。

ふくらはぎのちょい上から頭の上の方まで隠れる長方形のドアになってはいるが、上の方から斜めに切り込まれた台形をしている。これも首吊り自殺を防いでいるつもりだろう。

壁の窓はしゃがみこんだ時ちょうど顔が見える高さになっているので、居室内からウンコをする表情が丸見えである。ドアは仕切るためだけにあり密閉性はない。従って臭いはダダ漏れだし、用便時の「ブリブリ！」という音は居室内に丸聞こえである。だから「○○さん、最近下痢気味だなー」とすぐに分かってしまう。

便器は昔ながらの和式便器で、右側の壁に銀色の丸いボタンがついている。それを押すと便器と手洗い用の水が流れるようになっている。普通の家庭用トイレのように、一旦水を流すとしばらくタンクに水が貯まるまで強く流れないというシステムではなく、ボタンを押せば常に全力で水が流れる。

余談だが、洋式便器のように水中にウンコが落ちる構造というのは偉大で、ウンコは水中だと臭気があまり拡散しない。和式の場合は剥き出しなので、ウンコ臭が容赦なくその牙を剥く。留置場は換気があまり良くないので、それを防ぐために常に水を流しながらするのである。これについては担当官も怒ったりしないので、普通のことなのだろう。

ちなみに水の流れる音が結構でかいので、留置場によって就寝時はトイレの水を流すのが禁止のところもあるようだ。この場合、大便をしたら臭いが地獄だろうな〜。一晩中居室が臭くなることを考えたら、多少音が出ても水を流した方がいいと思うのだが……。

さて、用便の前にはトイレットペーパーを用意しなければならない。留置場では、いわゆるロール式のトイレットペーパーはない。恐らくペーパーホルダーに何らかの危険性があると思われているのだろう。その代わり、ティッシュペーパーのものすごく粗悪な物が渡される。ちり紙、カンチリ、チリアイと呼ばれるものである。留置場スラングを自分が使うことになるとは思わなかったが、三日もすると普通にカンチリと呼ぶようになっていた。カンチリとは多分〝官から支給されるチリ紙〟の略称なのではないだろうか。

カンチリはトイレに据え付けではないので、担当官に「すいません、八室、カンチリお願いします！」と声をかける。すると担当官が持ってきてくれるのだが、これが担当官によって、または担当官からの気に入られ度や目のつけられ度によって、持ってきてくれる枚数が変わる。普通の印象の被留置者が声をかけると、だいたい八〜一〇枚程度。気に入られている室長クラスだと二〇枚近くどっさりと渡される。ちなみにずっと目をつけられていたサン青年が頼むと五枚ということがあった。皆「少ねぇ〜！」と大爆笑だった。さすがに五枚じゃ足りないだろう。差別は露骨にこういうところに出る。

もちろん二〇枚もあると用便一回では使い切らないので、トイレの外側の窓のところにちょっとした物を置けるスペースがあり、そこに積み重ねて置いておくのだが、これが集まっていくのもちょっとした楽しみになる。

しまいには〝カンチリ占い〟などと言って、担当官にもらえる枚数を競う遊びをしていた。「今日は一二枚だから中吉だね」とか「六枚だから今日はダメだな！　取り調べがキツい日だ！」とかね。

これが刑務所になると、カンチリは一定数自分で購入できるようになるらしく、ちょっとした賭け事をしてカンチリを賭けて遊ぶこともあるらしい。強い奴になると一〇〇〇枚程のカンチリを保有する〝カンチリ長者〟になる。バカバカしいと思うかもしれないが、こういうことで楽しみを見出すしかないのだ。

■人生の快楽と幸せ

留置場内にて、宇多丸さんから差し入れていただいた『真相　マイク・タイソン自伝』を読んだ。タイソンの不良少年期から、ボクシングとの出会い、チャンピオンになり、レイプ事件、耳噛み事件を経て、現在、俳優として活動するまでの話が本人の言葉で細かく描写されている。

スラム街での貧しく暴力と犯罪にまみれた少年時代から、恩師カス・ダマトとの出会い、ボクシングに全てを賭け、チャンピオンにまで上りつめる過程は、一つの英雄譚、または成り上がりのストーリーとして大変に面白いのだが、チャンピオンとして世界中に名声を轟かせ、富と栄誉をほしいままにしてからの生活に、なんとも考えさせられる部分があった。

タイソンは無敗のチャンプとして、何度となく王座を防衛していく。しかし、試合と試合の合間にしていることといったら、夜な夜なナイトクラブに繰り出し、マリファナやコカインをキメまくり、仲間や女達と酒を浴びるように飲み、出会った女を持ち帰ってセックスをする。つまりパーティー三昧であった。タイソンの絶頂期は、ボクシング→パーティー→トレーニング→ボクシング→パーティー→トレーニングの繰り返しである。

彼にとってボクシングは天職。生きるための〝仕事〟である。それに対し、酒を飲み、ドラッグをキメ、数々の女とセックスをするのは息抜きであり楽しみ。いわば〝遊び〟である。

この雑居房でよく話をする人、三八番こと室長の仕事は詐欺師だが、彼にとって遊びとは何かと聞いてみた。

すると彼は、キャバクラで大金を使って仲間と朝まで飲み明かし、女性をホテルに誘いセックスすることだと言う。

また自分が入居してまもなく出ていった一〇番（三〇代・超イケイケの元暴力団員）も、休みの日は地元で仲間や女と集まって朝まで酒を飲むことが遊びだった。

そして二人とも、一晩で幾ら使ったとか、その遊びのスケールを誇らしげに語っていた。

話を一般的なサラリーマンに移して考えてみよう。サラリーマンの息抜きも、飲みに行くことだったりするし、なんなら風俗へ行くことだったりする。

つまり、場所や費用、女性の数、ドラッグ使用の有無や規模が違うだけであって、世界チャンピオンでもヤクザでもサラリーマンでも、やっていることの本質は大して変わらないのである。〝派手に遊ぶ〟と言っても、たいがいは複数人でアルコール（またはドラッグ）で酩酊し、騒ぎ、そしてセックスをするといったことである。誰もがお金があればやることは、大して変わらないわけである。

では人生の快楽、遊びとは、突き詰めていくとそれだけしかないのだろうか？

街の居酒屋で、スナックで、キャバクラで、ナイトクラブで、野外で、クルーザーで、ホテルの一室で、人は楽しむために酩酊して騒ぐ。

貧しい人も普通の人も、世界チャンプもセレブも大した違いはない。そこに音楽があってもなくても、酩酊して騒ぐことに違いはあまりない。パーティーとは、人間として生きる上での根本的な快楽として根付いているのだろう。

音楽＋食＋酩酊＋ＳＥＸ。LIFE IS A PARTY.

それだけが人生の幸せなのだろうか？　これらはＥＮＡＫ（エナック／インドネシア語で快楽）で、恒久的な幸せをもたらすものではない。

タイソンの場合、こうして快楽を徹底的に貪り、ドラッグとセックスに文字通り溺れるような経験を経て、最終的には愛する家族と一緒に過ごすことこそが幸せである、と語っている。また、人を楽しませること、それが自分の幸せだと結論づけている。あらゆる快楽を手にした者は、そういった結論に至ることができるのであろうか。

「幸せすぎて死んでもいい」「気持ちよすぎて死んでもいい」「楽しすぎて死んでもいい」三〇年、四〇年生きていればこのような瞬間が訪れたことのある人は多いだろう。だが人間は、当たり前だがいずれ死を迎えればそれで全ては終わる。

ENAKはインドネシア語で〝快楽〟を意味する言葉だが、幸せを指す言葉は別にある。BAHAGIA（バハギア）である。快楽に人生を賭けるのも一つの生き方かもしれないが、生きるというタームで考えた場合は、幸せというものが重要になってくる。

「人間はENAKに生きるのか、BAHAGIAに生きるのか?」「またはどちらも手に入れることができるのか?」「人は何のために生きるのか?」

こんな質問を五〇代現役のヤクザ、ボス氏にぶつけてみた。彼は少し考えた挙句、「幸せねえ。ここから一日でも早く出ていくことと、明日の昼飯の自弁だな。ここでやっていくには目先のことしか考えないことだ」と言った。彼はそこまで快楽や幸せについて、深く考えたことはないのかもしれない。

自分のことに話を戻そう。留置場生活も一〇日目を過ぎると、ENAKの基準もだいぶ下方修正されてくる。人間の適応力というのは凄いもので、留置場で出てくる食事（通称クサいメシ）を食べた後に、ごく自然に「うまかったー」と口に出してしまった。

留置場のメシはシャバの食事に比べたら、相当にヒドい。エサ以上メシ未満、というヤツだ。おかずも少なく味は薄い。ご飯も温かいものを、わざわざ冷やしてから出してくる。冷静に考えて〝うまい〟わけがない。むしろ〝マズい〟方かもしれないのに、ごく自然に「うまかったー」と言ってしまったことに自分でも驚いた。幸せ、快楽の基準がだいぶ下がってきているのだ。

例えば、ここでは入浴も五日に一度である。時間も二〇分以内。しかし、これがとんでもなく気持ち良く、有り難く感じるのである。まさに風呂ＥＮＡＫ。

もっとヒドいのは、地検で検察官の取り調べを受ける時。手錠をかけられ、バスで移動させられ、ほぼ丸一日誰とも話すことも許されず、じっと待っていなければならない時間が続く。はっきり言ってこれはムチャクチャ辛い。本当に地獄だ。そんな辛い地検での一日を終えて、警察署のいつもの留置場の房に戻された時に浮かんだ一言はこれだった。

「あ〜！　自由って最高！」である。

この部屋に戻れば手錠はかけなくていいし、顔見知りのルームメイトもいるし、寝転んでいられるし、何ならちょっとした我が家みたいな感覚になってしまっているのだ。

しかし、鉄格子に金網、鍵もかかっている。怖い担当官も廊下を巡回しているし、絶対に出られず、お世辞にも自由とは程遠いというのに、浮かんできた言葉が「あ〜！　自由って最高！」って。自分に愕然である。

そう、ここでの生活は「何でもないことが幸せだったと思う」どころか、「不自由でさえ自由と思う」生活なのである。つくづく人間の順応性は恐ろしい。外に出てパーティーなんかしたら気が狂って死んでしまうのではなかろうか。

幸せのハードルをリセットするという意味ではすごく良い経験になるし、人の欲望は無限だということに改めて気付かされる。そして快楽の種類なんて、それほどたくさんあるわけではないんだなあということにも気付かされるのであった。

■善人、悪人は何で決まる？

留置場生活も一〇日目を迎えると、周囲の状況を冷静に見る余裕も出てくる。ここ渋谷警察署の留置場は収容人数が多いので（だいたい三〇～四〇人）、多くの被疑者を見かける。もちろん被疑者にも色々なタイプがいる。一見して本職の人、文学青年風の人、外国人、凶悪そうな顔の人（これは俺も含む）、肩や背中にビッシリと刺青が入った人、優しそうな人……これらの人達は皆、つい最近までは一般市民であった人達である。

こうした色々な人達と実際話をしてみると、「話が通じないほど邪悪な人間はいない」と感じてくる。普通に挨拶もすれば、布団を運ぶ時に道を譲り合ったり、風呂の洗い場を譲り合ったりと、普通の礼儀もある。

同室のボスのように、入所時に警察官相手に大暴れを繰り広げて恐怖の保護房に隔離されてしまう人もいるが、落ち着いて話してみれば普通にいい人だったりするのである。

いわゆる不良文化の素養がない自分は、入った当初はこれから始まる留置場生活への不安や恐怖を抱えていたが、同室の先輩方に場内の生活のルールやちょっとしたコツ、取り調べ時のアドバイスやら弁護士、裁判のこと等を親切に教えてもらったことで、本当に助かった。

でも、その先輩は一〇億円を超える被害額を出した大規模な詐欺の主犯格だったり、「気を落とさないでやっていこうよ」と励ましてくれた人は現役の本職だったりする。〝善い人〟か〝悪い人〟かで言えば、自分にとっては〝善い人〟である。だが、もちろん法律の上で裁かれれば犯罪者なのである。

善人か悪人かは、人間が作った法律で簡単に判断することはできないのだということを、身をもって感じた日々だった。

霞ケ関の東京地検から渋谷警察署の留置場に戻る時の出来事である。我々渋谷署の被留置者は手錠をロープで繋がれ、コの字型の座席に並べられて、窓にスモークがかかったバスで護送される。警察から地検へ向かうことを〝順送〟、取り調べや裁判所の用事が終わって検察庁や裁判所から所轄の警察署へ戻ることを〝逆送〟と言うのだが、これは逆送の車内での話だ。

隣に座っていた通称シャブおじさん。この人は、運動場でお互いの逮捕理由なんかを話した時、「自分は大麻で……」と言ったら、「へぇ、大麻なんかあんなもん面白いかねー。三年したらシャブ教えてやるよ！」と言っていた人だ。

そんなシャブおじさんが、車内の暖房が効きすぎていて具合が悪くなったらしく、「暖房を弱めてもらえませんか。ちょっと吐きそうなんです」と、同乗している警察官に言った。車内では私語は禁止ではあるが、体調の不良を訴えたのだった。シャブおじさんは本当に体調が悪そうだった。今にも戻しそうで危ない。自分も車内のヒーターが効きすぎて暑いな、と思っていたところだったので、無理もないなと思った。

訴え出た相手は研修も終わってないような若い警察官だったが、彼は体調不良を訴えてきたシャブおじさんに向かって「コラ！　しゃべるんじゃない！」と冷たく言い放った。苦しむシャブおじさんは顔を真っ青にして「ちょっと吐きそうなんです……お願いします」と食い下がったが、警察官は「うるせぇ、しゃべんなっつってんだろ！」と答えた。

本当に体調が悪そうなシャブおじさんは「限界が近いんですが、ゲロ袋とかありませんか……」と更に聞いた。警察官は「ねぇよ。黙ってろ！」と一蹴した。「じゃあ、吐いてしまって、もしゲロがかかってしまってもいいんですか……？」と、シャブおじさんは脂汗をかきながら言う。「勝手にしろ！」と警察官。

体調の悪い人間に対してその態度は、いくらこちらが被疑者だからと言って許されるものではない。自分もそこでは怒りを覚えた。が、俺はそこで「おい！　ひでぇじゃねぇか！」と叫ぶほど剛の者ではないので、その警察官をひたすら睨みつけた。彼は目を逸らした。

そのやり取りを見ていた同乗のベテランらしき上司の警察官は、無言でビニール袋をシャブおじさんに渡した。上司がフォローしたことに対して、若い警察官はそれを見ても無言だった。

「クソ、あるんじゃねぇか……」と俺は思った。

ちゃんとした警察官ならちゃんとエチケット袋も差し出してくれるんだと、更に件《くだん》の若い警察官に腹が立ったので、歯を食いしばって「てめぇ……」という顔で睨みつけた。若い警察官は目を逸らし、それきり俺に目を合わせることはなかった。上司の警察官は被留置者の前で若い警察官をたしなめることはできないのだろう、車内でロープの結び方をその若い警察官に教えていた。

体調が悪く困っている人間を冷酷に見捨てる警察官もいるということだ。こいつは渋谷警察署の留置場の担当官でもあった。彼は被留置者に対していつでも高圧的だったし、特に外国人留置者への対応は特別厳しかった。果たして彼の行いは公平と正義の代行者たる警察官として正しい姿なのか？　俺はこいつを犯罪者ではないが、嫌な奴だと思う。逆に同室の先輩方は犯罪者ではあるが、善い人達だったと思うのだ。法律だけで人の善悪は決められないものだ、と思った出来事だった。

■担当官という仕事

二〇日間も留置されていると、自分の中での反省も一端ひと区切りがつき、そうなると様々なところが目に留まるようになる。毎日欠かすことなく顔を合わせるのは同じ居室の面々だけではない。我々を絶えず見張り、世話し、時に怒鳴り、意地の悪いこともたまにする〝担当〟と呼ばれる警察官。刑務所で言うところのオヤジ、看守、現代の獄卒の生態である。

基本的にはとにかく高圧的で、被留置者が少しでも生意気な口の利き方をすれば、もの凄い勢いで怒鳴りつけてくる。これは怖いぞ。人に怒鳴られることなんて、それこそ中学生もしくは高校生の時以来なかったので、なかなか新鮮な体験である。

彼らは我々の留置場生活を隅々まで監視し、少しの過失やルール違反も見逃さない。何かあるごとに我々の数少ない楽しみや権利を剥奪してしまう、被留置者にとっては恐ろしい存在である。当然、法の執行者の一部ではあるが、檻の中から見れば〝憎まれ役〟ということになる。映画の監獄モノでも看守は悪役だ。

中には被留置者に対して丁寧語で話してくれる担当官もいるが、ほとんどの担当官が年上年下関係なくタメ口である。まぁこっちは被疑者なので仕方がないんだが、でも犯罪者でも被告でもなく疑いがかかってるだけなんだけどなぁ。

とはいえ、彼らが高圧的になるのは檻の中と外、そういう環境のせいでもあると思われる。

こんな実験があったらしい。どこかの国の刑務所で受刑者と看守を何日間か入れ替えてみて、お互いの態度がどう変わるかという実験だったらしいのだが、結果、やはり檻の外の者は中の者に対して高圧的に振る舞うようになったそうだ。

とにかく怖い憎まれ役的存在のこの人達だが、何日も過ごしているとだんだん彼らの気持ちも想像できるようになってきた。中にいるのは罪を犯したと疑われている若者、おじさん、老人達。日中は床に寝転がったり読書をしながらダラダラと過ごしているのだ。檻の外から見れば、動物園のゴリラやオランウータンとあまり変わりがない。「こっちは仕事してるのに、こいつらはノンキにゴロゴロしやがって」といったところであろう。

そしてメシの時間になると手前にぞろぞろと集まってくるので、そこにエサを与えてやる。しかも「お茶のお代わりをくれ」だの、食べ終わった器や箸の回収だの、「食後に薬を出してくれ」だの、わずらわしい奴らである。たまに生意気な口も利くし。

それ以外の時間でも、やれ「寒いのでロッカーから上着を出してくれ」だの「水をくれ」「ウンコしたいからチリ紙をくれ！」だの、とにかく世話がやける。

要するに彼らの仕事は、手間のかかる動物を世話する飼育係のようなものなのである。

おまけに順番で入浴させてやったり、運動場に誘導してやったり、まだまだ手間のかかることはたくさんある。そりゃあ中に入ってるのが美女なら気分も違うだろうが、可愛げのない生意気な若者やおじさんじゃモチベーションもあがらないだろう。高圧的になるのも仕方がないというものである。俺だって、そんな仕事は嫌だもんなあ。

しかも、この留置担当官という仕事は、どうやら刑事志望の警察官達が希望の部署に就くまでに、半ば強制的に経験しておかなければならない部署らしい。刑事志望で警察官になった彼らは、恐らく刑事ドラマに出てくる刑事達のように上下デニムか、もしくは黒スーツ黒サングラスを身につけ、正義感に燃え、銃を片手にこの世にはびこる凶悪犯罪者を片っ端から逮捕する……そんな派手なイメージに憧れてのことだろう。ところがそういう期待をして警察官として配属された先が留置場の担当官だったら、理想と違いすぎてやる気もなくなるだろう。でも嫌とは言えないのがお役人のツラいところ。中に入ってる人間も嫌々なら、外にいる人間も嫌々仕事をしているのだから、どう転んだって〝いい感じ〟にはならないわけだ。もちろん留置場は嫌なところだけれど、あの担当官のジメーッとした感じが更にこの場所を嫌なバイヴスに持っていくのだ。

偏見かもしれないけど、あの仕事で楽しい瞬間なんて一秒たりともなさそうだもんな。そりゃあ、俺達に高圧的な態度を取ったり、点検で大声を張り上げて威嚇めいたことをしたり、細かいことで怒鳴ったりすることくらいしかストレス解消法なんかないのだろう。恐らく、担当官のほとんどが、晴れて刑事課に異動した暁には、「母ちゃん！　俺、刑事になったよ！」

と胸を張って言いたいに違いないのだ。夜勤もあるから楽な仕事とは思えないし、ボスも「牢屋の番だけは絶対やりたくないな～」と言っていた。

もっとヒドい役回りだと思うのが、地域の同行室から検事の取調室まで被疑者を連行するだけの仕事を一日中やっている担当官だ。朝から夕方まで、被疑者を部屋から呼び出しては手錠にロープをかけて腰のあたりで縛り、犬の散歩のように建物の中を連行し、取り調べの間は被疑者の後ろに座って一言も発さず検事が取り調べるのをボーッと待っているだけ。取り調べが終われば、また犬の散歩状態で同行室まで連れて戻る。取り調べ中に寝ちゃってる人もいたし、全くそれだけの仕事。せっかく苦労して警察官になったっていうのに、与えられた仕事があれじゃあ救われないってもんだ。捕まった人間が言っちゃアレなんだけど、あの仕事にやりがいがあるとは俺には思えないんだよなあ……。

ドラマチックな日常ってことであれば、犯罪者の方がよっぽどスリリングで刺激のある生活を送ってるんじゃないかなと思ってしまった。

■留置場オシャレ手帖

被疑者や容疑者が護送される時、ほとんどの人が地味な色のスウェット上下を着用しているのを、皆さんはテレビの報道などで見たことがあるだろう。そう、留置場の中でのファッションはまさにアレである。私服がダメなわけではないが、一定の条件を満たしていないと、入所時に取り上げられ釈放まで返してもらえない。ちなみに靴は中敷を剥がされ、靴紐も抜き取られて保管される。

自分はジーパンやベルト、帽子、パーカー、上着とほとんど取られてしまって、Tシャツとパンツと靴下だけになった。人によってはパンツ一丁にされる人もいる。

そうした時には留置場にストックしてある服を貸し出してもらうことになる。留置場で貸してもらえる服は通称〝トメ服〟と言う。トメ服の〝トメ〟とは留置場の〝留〟の字を訓読みしたものらしい。

皆さんご存知の通り、地味なグレーとか黒のスウェット上下だったり、ジャージだったりする。休日のお父さんの部屋着みたいな感じだが、被留置者同士なら一様に皆同じような格好をしているので大して気にはならない。だが、警察官の物々しい制服と対比すると、いかにも〝人生の落伍者〟感が漂っていて、何とも言えない気持ちになる。

勾留が四八時間（ヨンパチ）を過ぎると、接見禁止、差し入れ禁止の重犯罪者以外は、服を差し入れてもらえるようになるのだが、結局規定を考えると、Tシャツ、下着、靴下、そしてだいたいはジャージかスウェットに限られてしまう。その中でも、オシャレに気遣う人や不良っぽい人はアディダスの上下か、チャンピオンの上下を着ていることが多い。

自分の場合、急いで差し入れてもらったユニクロのスウェットのサイズが合わずキツかったので、貸し出してもらったトメ服を愛用していたのだが、ダークグレーの４Ｌサイズのスウェットはかなりダブダブで、妙にストリート感が出ちゃっていた。単純にトメ服不足で、それしかなかったらしいのだが。

トメ服かそうでないかはすぐに分かる。服に油性マジックで〝トメ〟とか〝留〟と書かれているから一目瞭然なのだ。

ちなみに釈放などで留置場を去った被疑者が私服のスウェットを置いていき、それがトメ服としてリサイクルされるパターンも多いらしく、前述の4Lのストリート感溢れるダークグレーのスウェットは、ちょっと前まで勾留されていたメチャクチャ巨漢の脱法ハーブ店店長が着ていたスウェットだった、と先輩が教えてくれた。なかなかそんな服を着る機会はないので、これも面白い経験だ。

同室のベトナム人、〝八室のゆるキャラ〟ことサン青年のトメ服は、白地に黄色のボーダーのロンTで、一見するとオシャレっぽいのだが、やはり胸にはこれ以上ない大きさで〝トメ〟と書かれており、なかなかのインパクトだ。ボスがよくサン青年の服を見て、「ゲッツ！」の動きで「トメ‼」と叫んでからかっていたのが最高だった。

ちなみに〝トメ〟の書き方には色々なパターンがあり、地検で各警察署の被留置者が集まる時などはなかなか見ごたえがあった。各警察署ごとに（担当官のクソいまいましい遊び心で）趣向を凝らしてあるのだが、〝ＴＯＭＥ〟とアルファベット表記してあったり、ちょっとロゴ風にアレンジしてあったり、渋谷警察署のトメ服という意味で〝渋留〟と書かれているもの、野球のユニフォームのネーム風に〝SHIBU TOME〟と書かれているものなど、本当に余計なお節介と遊び心に溢れていて、いちいち癇に障る代物だった。

最もヒドい悪ノリが感じられたのは、adidasのマークのパロディ風にtomedasと書かれていたものだ。そんなものを楽しむ余裕のない我々被疑者は、担当官のクソみたいな遊び心で書かれたtomedasでも黙って着るしかない。

俺は将来アパレル事業としてＴＯＭＥブランドを立ち上げたいと思っているので、トメＴシャツを販売したら皆さん買ってください（街で着ていて大爆笑する人は、だいたい逮捕歴あり）。

それから、身内が逮捕された人にマル得情報！　服の差し入れをする時に、その人の留置番号を聞いてその番号の入った背番号Ｔシャツを差し入れてあげると、気が利いてると喜ばれるかもしれない。

自分は、差し入れてもらった普段着ているTシャツの中で留置場で評判が良かったのは、ラーメンマンTシャツと『毒蝮三太夫のミュージックプレゼント』の番組Tシャツだった。

■「わたしはせいしんびょうかもしれません」

勾留一三日目。ひたすらにヒマである。留置場のレンタル文庫本、通称〝官本〟は一日三冊まで借りることができるが、セレクションセンスがいまいちな上に、小説を一日に三冊読むのはさすがに活字疲れしてしまい、読む気力もなくなってくる。となると、ベトナムから来たゆとりぼっちゃんのサン青年をからかうぐらいしかすることがない。

彼はドン・キホーテでの万引き事件で先日起訴されたのだが、裁判までの間、拘置所に移される様子も無く、一カ月以上もここ渋谷警察署の留置場にいる。先行きの不透明さから来る不安のためか、元気が無くなってきており、必死に自分の体調が悪いことを訴えてくる。

「ネムレナイデスネ　サンカイオキマス」
「ワタシ　オキタトキ　トコロクルシイ」
「タベタアト　コレナルネ」
「ココ　ハザイ　オソイ」
「イロイロ　コワイ　カンガエマス」
「ベトナム　カエリタイネ」……

二年間も日本で日本語学校に通ってる割には日本語が下手すぎてほとんど意味が分からないが、サン青年の話を何とか分析してみるとこのような感じだった。

「ネムレナイデスネ　サンカイオキマス」→「夜になっても寝付けない、夜に三回起きてしまう」

うーん、三回くらい起きるのは普通だと思うんだけど、まぁ自称・不眠症ってことだよねえ。けど甘えたこと言ってんじゃねえよ。俺なんかイビキがうるさいと一晩に五回ぐらい起こされるぜ！

「ワタシ　オキタトキ　トコロクルシイ」→「起床時に気分が悪い」

心臓あたりを指して「トコロ」と言ってるが、多分「ココロ」のことなんだろう。「オキタトキ」というのは起きた時だろうから、目覚めが悪いってことかな。

「タベタアト　コレナルネ（口からゲロを吐くジェスチャーをしながら）」→「食後に吐き気がする」

これは分かりやすかった。

「ココ　ハザイ　オソイ　ウマレルトキ　オトウサンノクルリ　ノミマス（手首のあたりを押さえながら）」→「生まれつき脈拍が不安定で、父から薬をもらって飲んでいます」

これはかなり難易度が高かった。手首を押さえながらというのは多分脈拍で、それが速かったり遅かったりするのだろう。ベトナム人は「ヤ」を「ザ」と発音するので、渋谷が「シブザ」、山が「ザマ」になったりするので、ある程度は推理できた。「ウマレルトキ」というのは

「生まれた時から」で、つまり先天性ってことであろう。サン青年の父親はベトナムで医者をしているらしいので、父親から不整脈のクルリ（薬）をもらって飲んでいた、ということであろう。

「イロイロ　コワイ　カンガエマス（頭を抱えながら）」↓「怖い妄想をしてしまいます」

これもなんとか解釈した結果、どうやらお父さんやお母さんの乗った飛行機が落ちる妄想とかをしてしまうらしい。

ということで、以下のことが分かった。

「不眠」「寝起きが不快」「持病の不整脈がある」「食後の吐き気」「妄想」

これって完全にメンヘラ的なアレじゃないのか？　ということで、二週に一度の医者の診療時に正確に伝えられるようにメモを書いてあげ、最後に彼に「わたしはせいしんびょうかもしれません」という言葉を教えてあげた。

そして医者の診療の日がやってきた。俺は持病の皮膚炎が悪化していたので、ステロイド系の塗り薬を処方してもらった。

サン青年は「せいしんびょうかもしれない」状態をうまく伝えることができたのだろうか。翌朝から食後に担当官が薬を用意してくれるようになったので、うまくいったのだろう。薬を出してもらったことを喜ぶサン青年。白い錠剤が三粒。薬を飲む時も留置場ルールがある。要は間違いなく薬を飲んだかの確認なのだが、担当官の方に口を開けて薬を投入するところを見せる。間違いなく薬を口に入れたかの確認である。それから水をもらい服用する。飲み込んだ後も口を開けて、担当官に薬をちゃんと飲み込んだかどうかの確認をしてもらう。

こうしてサン青年は薬を無事ゲットすることに成功したのだが、彼の様子がおかしい。明らかにフラつき始め、目がトロンとしている。身体に力が入らないのかグニャグニャになっている。目に見えて薬の効果が現われた。明らかにキマっている。

これを見た残りの三人は爆笑。

「これ、明らかにヤバい薬じゃないの!?」

「うわー、こええ！　処方薬ってこんなにキマんの？　一体何の薬処方されてんだよ！」

「サンちゃん、どう？　気持ちいい？」

違法薬物も恐ろしいが、処方薬でも十分ヤバいじゃないか……そういや睡眠薬で遊んだり、デパスとか何とかいう向精神薬で遊ぶ人もいるらしいので、もう何が危険ドラッグなのかが分からなくなってくる。そんな薬物が留置場で処方されているのだ。

「……キモチワルイデス　カラダチュカレマス……ネムイネ」

朝食後、いきなり眠りだすサン青年。結局昼まで眠り続け、たまに起き上がるもユラユラとしながら焦点の合わない目で空を睨むばかり。いつもは無駄に筋トレしたり、意味の分からない日本語で話しかけてくるサン青年が大人しいので、ウザくなくていいと我々には大好評となった。

夕食後の投薬でも相変わらずのガンギマりぶりを発揮し我々を楽しませてくれたサン青年、就寝時間の九時前にはもう夢うつつの状態になっている。

「シュウシンマダデスカ　チュカレタ　ネムイデスネ」

ってお前、一日中寝てたじゃねぇかよ！　という突っ込みも空しく、就寝前にも不眠という

ことで処方された睡眠導入剤を更に追加ドーピング。着替えることもせず、彼は泥のように

眠った。

翌朝「キョウワ　トコロ　クルシクナイデス」と不快感が消えたことを喜ぶサン青年。

「よく眠れて良かったな。今日も薬飲んだ方がいいよ！　変な妄想とかしなくなったで

しょ？」

などとサン青年に声をかけながらも、昨日は面白かったので、今日も朝食後から薬を飲んで

くれることを期待する同室の三人。悪人である。

朝食後に担当官がサン青年用の薬を持ってくる。

「モウイッカイ　ノンデミマス」

さぁ、このまま中毒だな！　とほくそ笑む三人。本当に悪人だ。案の定、サン青年は夕食の

時まで寝たり起きたりのトリップ状態で過ごした。

「カラダ　チュカレマス……モウクルリイラナイ」

夕食後のサン青年は、投薬を拒否した。

担当官も「何で飲まないの？　せっかく処方してもらったんだろ？」

「クルリノマナイ……カラダ　ワルイ……」

キレ気味の担当官は「何だって？　どう悪いの？　何で飲まないの？」と食い下がる。我々

も「処方してもらった薬なんだから、飲まなきゃダメだよ！」と煽る。この留置場は刺激が無さすぎて、それくらいしか楽しみがないのである。ゲスすぎる。それでも断固として投薬を断ったサン青年に対して、同室三人の態度は冷たかった。

「つまんねー！　サンちゃんがラリってんの見ると面白いんだから、面白くなるようにしてくれなきゃダメだよ！」と謎の理論で説教をするも、本当にキツかったらしく、それ以降は薬を飲まなくなった。

サン青年のノリの悪さに我々も興味を失って、このせいしんびょう事件は幕を閉じる。投薬を止めたことで、結果的に彼の「せいしんびょう」は嘘のように治ったのであった。何だそれ。

■盗人猛々しいのは承知の上で

自分が渋谷警察署に留置されていたのは二三日間。たった二三日でもあり、長い二三日でもあった。その間ずーっと反省をし続けていたというわけではなく、最初の一週間で一通りの反省を終えてしまう。もっと言うと、ヨンパチの時点で反省と後悔はイヤと言うほど味わうので、内省的な部分での〝反省の気持ち〟に一段落がついてしまうのだ。しかし後半になるにつれ「迷惑をかけた人達に会わす顔がない」という気持ちがムクムクと湧き上がった。

だから、一刻も早く外に出たいという気持ちがある反面、むしろ外に出るのが恐ろしいような不安にかられる気持ちが出てくる。ニュースでも報道されたらしいし、世間は自分に対してどれだけの責任追及をしてくるのだろう。あの人は怒っているだろうか、許してもらえるのだろうか……。

犯罪行為に対する償いは、この勾留生活とこれから控えている裁判で判決が下されるが、それとは別に、やはり社会的制裁というヤツが待っているのだろう。そんなことを思うと外に出るのが恐ろしいのだ。

世の中、犯罪者の枠で全てを括ってしまう人もたくさんいて、むしろそっちの方が多いんじゃないかと思う。それは善良な人ほどそうなのかもしれないが、殺人も強盗も痴漢も窃盗も薬物も全部ひとまとめで犯罪であり、その中の薬物一つとっても、覚醒剤もコカインもエクスタシーも大麻も一緒くたにしてしまう。

なぜなら、自分とはあまりにも縁遠く、関わり合いにならない世界だと思い込んでいるからだ。そりゃ興味がないことを全部一緒にするのは仕方がない。

昔、母親がファミコンもPCエンジンもスーファミもメガドライブも、テレビゲームの類を一緒くたに〝ファミコン〟と呼んでいたのと同様に、アニメファンもアイドルファンもゲームファンも全部〝アキバ系〟とまとめられるように、逮捕されてしまった以上は全て同じ〝犯罪者〟なのであり、そういう目で見られることを覚悟せねばならないのだ。

母親にメガドライブとPCエンジンの違いについて説いても無駄なように、ここで大麻云々について詳細に語っても仕方がないし、何を言ってもやっても「盗人猛々しい」と受け取る人はいるだろうから、これは大人しく社会的制裁を受け、粛々と禊を続けるほか選択肢はないのが現実なのだ。

　ここでこうしたことを書いていても「犯罪者風情が自分のやったことを棚に上げて、何言ってんだよ」と思う人もいるだろうし、今これを読んでいる貴方がまさにそう思っているのかもしれない。しかしそれはその通りで、その反応をするのが一般的であり、善良な日本の国民としては圧倒的に正しい姿なのだろう。

　がしかし、人間どんなことで逮捕されるか分からない。例えば僕らがやってきたナードコアテクノ。これは違法サンプリングで作った曲でお金を取ってライブしたり売ったりしてるわけで、著作権者が権利を主張して訴えればすぐにでも犯罪として立件できるし、全く言い逃れができない。犯罪者として括るなら、ナードコアのアーティストなんてのはだいたいが犯罪者、または被疑者になり得るのである。もっと言うと、他人の楽曲をかけてお金をもらっているDJも厳密に言えばね……という話でもある。

　こんな話を聞いたことがある。老人達を主に生徒としているカラオケ教室が同じ地区に二つあり、その二つはライバル関係だった。教室の先生同士は同業者として仲が良かったらしいのだが、生徒達はお互いをライバル視しており、少しの過失があればそこを突いて相手のスクールを陥れようと思うほど関係が悪かったそうだ。ある日、片方の教室で既存の市販楽曲を教材としてCDに焼いて配っていたことを、もう片方の学校の生徒が警察に通報してしまった。犯罪として立件され、訴えられて莫大な賠償金を支払い、法的な責任を負うことになったそうだ。

　皆さんももしかしたら明日、通勤時に痴漢の罪をなすりつけられるかもしれない。違法ダウンロードで逮捕されるかもしれない。犯罪や逮捕なんて遠い世界のことだと思っているかもしれないが、実は本人にその自覚がないだけで、割とあっさりと逮捕される時だってあるのだ。俺みたいに逮捕されて猛々しい盗人扱いになると人生は色々と辛いので、分かってて犯罪行為をしてる人も無自覚で犯罪行為をしている人も、逮捕だけはされないように気をつけて欲しい。

■叱られた飼い犬の反省

我々が普通に暮らしている社会を表社会と言うならば、裏社会は確実に存在している。裏社会とは、いわゆる法的にグレー、ブラックな手段で社会生活を営み、金銭を稼ぎ、生活している人達の世界のことである。普通の仕事として、彼らは違法行為を行うのだ。留置場にいるとヤクザや半グレなどの組織に属している、いわゆるアウトローな人達の世界と考え方を垣間見ることができる。

留置場内の雑談の中で裏社会に属する人達が一番よくしている話題は、「いかに自分が不利な状況に追い込まれないようにするか」ということだ。特に身に覚えのある余罪があったり複雑な事件の場合は、「あの件がメクれて（バレて）、サイタイ（再逮捕）されたらやべえな」とか、「アレがガサ（家宅捜索）の時に見つかったらヤバいな」「自分の先輩が捕まった時は、アレをそうしておいて、こうやったみたいですよ」「自分の先輩を弁護したあの弁護士は優秀らしい」といった、「証拠をどうやって隠滅するか」や、「取り調べでどうやって黙秘を貫くか」

など、とにかく自分の罪を少しでも軽くできる方法について情報交換をしている。

ここ数年先の、下手をすると一生分の自由が、警察、検事、弁護士、裁判官への立ち回り方にかかっているのだから、そりゃあ必死である。だから、被疑者にとって留置場での生活は、警察や検事との戦いの毎日でもある。人間は自分の自由が侵害されそうになれば、それに対して必死に戦うものだ。善きにしろ、悪しきにしろ、誰もが自分の自由と利益を守るために必死で生きている。誰にだって自分が不利益を被ったり、自由を侵害されることに対して戦う気持ちはあるだろう。でも外の世界にいたら、そこまで自分の自由を守るために剥き出しで戦おうという人の姿はなかなか見ることはできない。

詐欺師であれば「金持ちの老い先短いババア、ジジイから金を取って何が悪いんだ?」とか、ヤクザが抗争事件で捕まったら「俺達は仁義が通らないことをやっている奴らが許せなかったんだ。俺達はむしろ正義の味方だ」くらいのことは思っているわけである。と言うか実際にそう言っていた。

ある時、「皆さんは自分の犯した罪について、悪いことだったと反省していますか?」と同室の先輩方に聞いてみた。

「これは俺達の仕事なんだから、自分らの仕事について反省するわけないだろ。いや、ある意味で反省はしているよ。何で逮捕されちまったのかってことについては反省してる。もっとうまくやればバレなかったのにな。ヘタ打ったよな」というような答えが返ってきた。塀の中の懲りない面々、とはよく言ったものだ。

確かに犯罪行為は彼らにとっては生きていくための仕事なのである。人が自分の仕事に誇りを持っているのは当然で、それが公序良俗に反することであればそれは裏稼業、裏社会の住人ということになる。

彼らに言わせれば、大麻やドラッグ所持などで逮捕されるのが〝一番バカバカしい〟とのことだ。本業で悪いことを自覚してやってるんだから、こんなことで捕まるのはバカバカしいと。なぜなら〝ドラッグを使用すること〟に対して、直接の被害者がいないからだ。

確かに誰かを陥れたり、暴力を加えたり、金品を奪っているわけではない。当人の健康被害であったり中毒だったりと、自滅またはゆっくりとした自殺に向かう要素はあるかもしれないが、他人にリアルタイムで迷惑をかけているわけではないから、逮捕されても「自分は人に対して被害を与えたから逮捕されたのだ」という自分の中の納得がしにくいわけだ（もちろん危険ドラッグをキメて傷害事件を起こして「しぇしぇしぇしぇのしぇー」とか言ってる人は論外だし、違法ルートに金が流れて暴力団などの反社会勢力に資金が渡ってしまい、結果的に社会に迷惑をかける可能性もあるが）。

やっぱり〝逮捕されたことそのものに対して反省する〟という部分は、ある意味自分でもよく分かっている。それは俺を取り調べた刑事も言っていた。

「大麻とかドラッグ系の犯罪は直接の被害者がいないんだよ。だから悪いことをしているという自覚がない。逮捕された結果、周りの人に迷惑がかかるというだけだし、真の被害者はそいつの周りの人なんだよね」

実際、今回逮捕されたことで仕事関係者や周りの人達に大きな迷惑や心配をかけてしまった。前科モノというあまり有り難くない称号を得てしまったがために起こる人生の諸問題、というあまりにも大きすぎるリスクを考えると、日本で生きている以上は、法律で禁止されているモノをやらないに越したことはないという話は非常に納得がいくし、こういう経験をしたからこそ他人にも「薬物はやらない方がいいよ！　なぜなら逮捕されると大変だから！」と言うことはできる。

でもこの反省っていうのは、例えるならば、飼い犬が飼い主からの躾として「食べてはいけないモノに手を出して鼻っ面を引っぱたかれた。だからもうこれからは食べないようにしよう。なぜなら引っぱたかれると痛いから」という意味での反省である。「何が悪いのかはいまいち自分でも分からない。でも禁止されてるからやめよう」というのは、思考停止に近い状態ではある。

これを読んでいる人の中でも具体的にどういうドラッグにどんな効果があるのか、どんな風に身体に悪いのか、ということを詳しく知っている人もあまりいないだろうし、学校などで教えてもらった覚えのある人もいないだろう。ほとんどの人にとっては、覚醒剤もヘロインもコカインもＭＤＭＡも大麻も〝麻薬〟という一括りで一緒なのだ。俺も詳しくはなかったので、そういうことは子供の時や学生時代に詳しく教えて欲しかったなーと思う。とはいえ、「なぜこれが禁止されているのか？」ということに疑問を持つのは、世間一般ではあまり歓迎されないことのようである。

例えば自分が逮捕された原因となった大麻を例に挙げると、世界中には大麻解放を訴え実際に行動を起こしている人達がたくさんいる。また、大麻を解放している国もある。が、しかし、覚醒剤やコカイン、ヘロインの解放運動をしている人はあまり聞いたことがない。「大麻だけがどうして解放運動されているんだろう?」という風に考えたことがある人は少ないだろう。

日本でも、医療用大麻解禁を大々的に訴える元女優さんがいるが、彼女は世間的には完全にどうかしてると思われている。「よくやるなー、すごいなー」とは思うが、俺としては世間からそのように認定されるリスクを負う覚悟まではさすがにない。だから単純に逮捕されたら本当にキツいので、違法で捕まっちゃう原因となるモノはやめておこうと思うのである。

調べれば調べるほど何かおかしいと思うし、体験から導き出した自分の知っていることと、現状の法律に対しての違和感を抱いたとしても、叱られた飼い犬のようにひたすら従順に、「飼い主がダメだと言ったものは食べてはダメなのだ」と納得しておくのが今の自分の身の振り方だと思っている。

一つ間違いなく言えるのは、日本という法治国家で〝善良な人間〟として生きていくには、その国の法律を守った方が損がないよ、ということである。法律を守らないのも個人の一つの自由ではあると思うけれども、もしパクられちゃったらとにかく割に合わないよ、人生遠回りしちゃうよ、ということだ。

〝叱られた飼い犬〟の思想とはこういうものであるし、一つの〝思考停止状態〟というべき状態なのかもしれない。傍から見てそういう生き方は結構ダサく映るかもしれない。でも、一回パクられて割に合わないな、と痛感した上での合理的な判断だし、法治国家である以上、異端者と見なされないためには従順な飼い犬でいるべき、またはそういうフリをしておくべきである、というのも選択肢としてあるかと思う。

それでも「戦おうぜ、現状に疑問を呈していこうぜ！」というスタンスを俺は否定しないし、むしろ心の中では結構、応援している。

■留置場的読書生活

留置場生活は、取り調べや順送がない限りは基本ヒマである。何もすることがない。その有り余る時間のヒマつぶしの手段として唯一許されているのが読書だ。

一応、新聞は各部屋に回ってくる。各部屋で順番に回し読みし、隣の部屋に回す（渋谷警察署は読売新聞だったが、他の警察署がどうなのかは知らない）。

ただ、新聞も決して面白いものでもないので、もし逮捕されて留置されている友人がいたら、まずは本を差し入れてあげて欲しい。「本は心の栄養」と誰が言ったかは知らないが、ここではどんなに読書が嫌いな人間でも本を読むことぐらいしかすることがないのだ。俺は二二日間で三二冊の本を読んだ。普段は本をほとんど読まなかったので、短期間でこれだけ多くの書物を読んだのは初めてだった。

留置場では、運動の時間の後に〝官本〟と呼ばれる留置場に置いてある蔵書を貸し出してくれる。推理小説や、ほんわかした恋愛小説、日本や西洋の名作、自己啓発本、歴史小説までそれなりに揃っている。渋谷警察署だけかは分からないが、一応中国語やハングル、英語の本も少しはある。それから『ドラッグの危険性』みたいな、この期に及んで余計なお世話だと感じる、警察で作ったような小冊子も用意されている。

一日に三冊まで借りることができるのだが、つまらない本を選んでしまうとその日はとてもキビシい一日となる。

我が第八居室は運動の時間の順番が遅い方だったので、運動が終わって借りに行くと、面白そうな本はだいたい貸し出し中になってしまっていた。これにはとても困った。

とりあえずどんな官本を読んだのか、羅列しておこう。

『利休にたずねよ』山本兼一
『お文の影』宮部みゆき
『歌舞伎町セブン』誉田哲也
『それからの三国志　上』内田重久
『どくとるマンボウ青春記』北杜夫
『マンボウ家族航海記』北杜夫
『家族ゲーム』本間洋平
『若い読者のための世界史』エルンスト・H・ゴンブリッチ

『新参者』東野圭吾
『思い出のとき修理します』谷瑞恵
『猫とともに去りぬ』ジャンニ・ロダーリ
『ペンギン・ハイウェイ』森見登美彦
『星の王子さま』サン・テグジュペリ
『老人と海』アーネスト・ヘミングウェイ
『ま、いっか。』浅田次郎
『思考の整理学』外山滋比古
『学校では教えてくれない日本史の授業』井沢元彦
『感情的にならない本　不機嫌な人は幼稚に見える』和田秀樹

と、こんな具合である。俺は文学に全然詳しくないので、聞いたことがある作家の本とか、タイトルは聞いたことがあったけど読んだことのなかった本、歴史小説なんかを中心に適当に選んだ。
以下は、差し入れでいただいた本である。

『真相　マイク・タイソン自伝』マイク・タイソン
『映画『トラック野郎』大全』（別冊映画秘宝）鈴木則文、宮崎靖男、小川晋、杉作J太郎

『ヘンな本大全集』（洋泉社ＭＯＯＫ）
『まっぷる　バリ島'16』（まっぷるマガジン）
『中世の武器』（ＭＯＯＫ）
『電気グルーヴのメロン牧場 ―花嫁は死神』電気グルーヴ
『母さんの「あおいくま」』コロッケ
『俺、勝新太郎』勝新太郎、吉田豪
『自分の中に毒を持て』岡本太郎
『ウルトラマン「正義の哲学」』神谷和弘
『そこまでやるか！　裏社会ビジネス ―黒い欲望の掟』丸山佑介
『戦国名臣列伝』宮城谷昌光
『三国志』（四）（五）（六）吉川英治
雑誌『歴史人』（【保存版特集】真田幸村vs徳川家康）

やはり白眉は宇多丸さんに差し入れてもらった『真相』と『俺、勝新太郎』であろうか。それから『映画『トラック野郎』大全』もアガったたし、意外と気持ちが明るくなったのが旅行本の『まっぷる　バリ島'16』で、モノクロな留置場生活にリゾートの風を吹き込んでくれた。

他の第八居室の面々が何を読んでいたかというと、まず室長は、毎日三冊の週刊誌や雑誌が差し入れで入っていた。彼は留置場生活が一二〇日を超えていたので、三〇〇冊以上の雑誌を読んでいたことになる。あらゆる週刊誌を読み漁っていたが、印象的だったのは金持ちが読むようなハイファッション系の雑誌や、『おとこの腕時計』などの高級腕時計ばかりが載った雑誌、それからやはり『週刊実話』『週刊大衆』のような暴力団情報が載っている雑誌は欠かせないらしい。やはり裏社会の住人らしく『そこまでやるか！　裏社会ビジネス　―黒い欲望の掟』は彼に借りて（貸し借りは禁止なので、こっそりと）読んだのだが、〝全部知ってる内容〟だったそうだ。

ちなみにこの本の著者、丸山佑介さんって凄い人だなあと思っていたら、先日、紀行バラエティ番組『クレイジージャーニー』（ＴＢＳ系）でジャマイカのゲットーに潜入し、マリファナ農家に取材を敢行していた丸山ゴンザレスさんの別名であることが分かった。風貌が俺に似ていると周囲ではちょっとした話題になっており、逮捕以前には何度かツイッター上でやり取りもしていたのだ。

世界の危険地帯に乗り込むジャーナリストだとは知っていたが、裏社会にも造詣が深いことにまずは驚いたし、ブタ箱の中で大物詐欺師に借りた本が丸山さんの本だったことに、またしても驚いた。

そしてボスも同じく『週刊実話』や『週刊ポスト』『週刊大衆』などの週刊誌、ゴルフ雑誌の『ＡＬＢＡ』などは必ず読んでいた。それから「リアルだな～」と思ったのが、『排除社会の現場と暴対法の行方（シリーズ　おかしいぞ！　暴力団対策）』を読んでいたこと。「こういうの勉強しなくっちゃねえ」と笑顔で言っていたのが印象的だった。もろに生活に影響してくるトコロだからね。

　そして注目は、ベトナムゆとり世代ことサン青年。基本的に本の差し入れは担当官の検閲が入るので、日本語以外の本を入れるのは困難である。だから日本語がロクに読めないサン青年は、官本の中で一番読みやすい『ドリトル先生アフリカゆき』を毎日のように借りていたが、前半四分の一くらいのページをずっと開いていて、ちっとも進んでいなかった。

「サンちゃん、分かるの?」と訊くと、「ヒラガナ　タマニ　ワカリマス」と言っていた。たまに分かるくらいじゃ、ちっとも面白くなかっただろう。辛かったろうなあ。

　しばらくすると、ベトナム人の友達が面会に来てくれるようになり、色々と差し入れをしてくれるのだが、微妙に的外れな物が多く、『ドラえもん』は良かったが、一緒に入ってきたドぎついエロスの劇画『叶精作コレクション　天才整形医・神技一郎〈コールガール〉』は予想の斜め上を行っていた。

　ベトナム語と日本語の辞書も差し入れられてきたのだが、日本の漢字熟語のベトナム語解説みたいな辞典だったのでさっぱり役に立たず、おまけにこれを枕にして昼寝していたところを担当官に見つかり、すげー怒られて没収された挙句、〝書籍類　三日間室内持ち込み禁止〟になってたのがまた悲惨だったけど、笑ってしまった。

　俺が保釈される直前に「コンド　コナン　ハイリマス!」と『名探偵コナン』が差し入れされることを喜んで待っていたのだが、さすがサン青年の友達、なぜか『名探偵コナン』三三巻(しかも明らかに古本で黄ばんでボロボロになっていた)が一冊だけ入ってきた。中途半端な巻数ってことでストーリーも分からず、ミステリー漫画の性質上文字もたくさんで、一瞬で飽きてしまっていた。予想の斜め上すぎる展開に、ますます可哀想なサン青年であった。

■二〇一五年三月二三日　保釈が来なかった日

前項でも説明したが、留置場とは、ある事件の犯人と疑われる人物を、取り調べ期間中に逃げたり証拠を隠滅したりしないように閉じ込めておく施設である。通称ヨンパチと呼ばれる、四八時間に渡り外部との接触を一切禁じられる最低勾留期間、この期間の取り調べで疑いが晴れればそこで釈放。まだ取り調べの必要があれば一〇日間の勾留延長がなされる。それでも終わらなければ更に一〇日間の延長。なので普通の事件であれば、四八時間プラス二〇日間で留置場の勾留期間の満期ということになる。

取り調べを終え、担当の検事により起訴されると、通常は留置場から裁判を待つ施設である拘置所に送られて裁判の日を待つことになる。通常は起訴されてから長くて二カ月程度、拘置所に入ることになるのだが、逃亡や証拠隠滅の恐れなしと判断されれば、本来は拘置所に入って待たなくてはいけない裁判までの間、保釈金を支払い申請が通れば外に出ることができる。それが〝保釈〟である。要は裁判が行われる日まで、中で待つのか外で待つのか、というだけの話である。が、中と外では大違い。誰しもが保釈を受けたいのだ。しかし重大な罪であるとか、保釈中にまた何かやらかしそうだとか、何らかの拘束が必要であると判断されれば、保釈申請は通らない。とりあえず俺（大麻所持・初犯）くらいの罪だと間違いなく通る、というのが通例のようだ。

ちなみに保釈金は裁判までの一時預かり金なので、指定された裁判の日に出廷すれば返還される。要は、保釈金とは裁判までの間に逃げないように取る〝人質〟ならぬ〝金質〟なのである。

そして今、俺はもうすぐ満期だ。先ほど起訴通知が来たのだが、保釈の請求が通ったのか通らなかったのか分からないまま、未だこの身は檻の中である。

満期の三日前、室長から「保釈金の準備とか大丈夫ですか？　ＡＴＭだと一日に五〇万円ずつしかおろせないから、土日を挟むんで今日から動いておかないとまずいですよ」とアドバイスをもらう。さすが振り込め詐欺の鉄人！　ＡＴＭの限度額までチェックしている。「うわ、マジですか！　早く出たいから、すぐ弁護士さん呼んで聞いてみます！」

「いや、マジでちゃんと伝えてやってもらった方がいいですよ！」

な、何て親切なんだ、室長……。俺はすぐに選任弁護士を呼んだ。

検事の意向で、裁判自体は〝即決裁判〟という簡略なもので行われる方針は聞いていた。即決裁判とは、起訴から一四日以内に公判が行われ、通常は複数回の裁判を経て判決が下るものなのだが、即決形式だと一回で判決が出るのだ。初犯やションベン刑（数年未満が求刑されそうな軽い刑）の時に適用され、有罪判決が出て、懲役が求刑されたとしても執行猶予が付くというものだ。

俺の選任弁護士を務めてくれているY子弁護士先生は、その即決裁判ということでひと安心していたのか、俺が「保釈関係の手続きってどうなってます？」と訊いたところ、「高野さん、ここでの生活に慣れてきたって言ってたから、どうせ一四日以内に裁判だし、保釈請求するかどうか迷ってて、明日会って訊こうと思ってたんですよ～」と。

「お、オイ！　この眼鏡ッ娘！　迷うのはアンタの仕事じゃない！　こちとら慣れてきたとはいえ、一分一秒でも早く檻の外に出たいんじゃボケえええ!!」とブチ切れそうになったが、

「た、頼みますよ！　外で感じる一四日間と中にいる一四日間じゃ全然違うんですよ!!　保釈金の用意も聞いたやり方で間に合うみたいなんで、すぐにお願いします!!」と伝えた。

二三日が勾留期限の満期で、恐らくその日の朝に起訴状が出るので、すぐに申請を出せば最速でその日の夕方には仮釈放が出るはずだと室長は言っていた。弁護士よりも室長の方が詳しいってどういうことだよ……と思いつつも、頼れるのはY子弁護士先生だけだ。よろしくお願いしますよ！


そして二三日。今日は満期の日である。もしかしたら外に出られるかもしれないのだ。いつも通りに担当官達の「起床ォォォ！」の絶叫で起こされ、官本の小説を読みながら時間が流れるのをひたすら待つ。室長は親切な人ではあるが、保釈の可能性がある奴を煽ったりヌカ喜びさせることを楽しみにしている。「いや～、高野さん、今日出られますねぇ～」「出たら何食べるんすか～？　ラーメンもいいなぁ～、寿司もうまいよなぁ～」などとやたら〝シャバ出たら

何するんすか話〟を振って希望を持たせてくる。

こちらもその手口が分かってるので、浮ついた感じにならないように「いやいや、分からないですよ！　保釈請求通らないかもしれないし！」と答えるも、「クサ（大麻）で保釈が出ないことなんてないですから！　出れるって！　いいなぁ〜！　シャバいいなぁ〜！」とむやみやたらに期待を煽ってくる。

一六時から一七時の間が、最初に声がかかる可能性がある時間だ。「三九番、荷物まとめて！」の声がかかるのを期待して静かにその時を待っていた。しかし、何もない……。まぁそんなもんだろうな、と心を落ち着かせる。

そして一七時の夕食の時間。「そうか、もう一食この中で食べることになるのか……」

次のチャンスタイムは、一八時から一九時の逆送組が留置場に戻ってくる時間だ。この時間も保釈の可能性があるのだ。しかし起訴の知らせが届いただけで、保釈はなし。

今日は終わった……。無駄にドキドキした分、失意のどん底に。

結局夜になってもY子弁護士は来ず、精神状態は完全に宙ぶらりんである。何事もなかったように就寝準備からの洗面、就寝である。

そして翌日。今朝はもしかしたら!?　と期待を込めて官本の小説を読み続け、ひたすら夕方まで時間が過ぎるのを待つ。

いよいよチャンスタイムの一六時になった。ひょっとしたら保釈申請は却下だったのか？と思いながら時間はゆっくりと過ぎていくのだった。

■外に出る

その日は突然やってきた。最速だと二二日目にはお迎えが来るはずだったが、残念ながら来なかった。その模様は前項で書いた通りだ。来ない日が長く続けば、原稿はパート2、パート3と続くことになっただろうが、幸運にもパート2は書かずに済んだ。二三日ぶりに外の世界に出ることとなったのだ。

突然「三九番、ロッカーの荷物まとめて！」と担当官から声がかかった。

「ハイ！」と返事し、廊下に出る。自分のロッカー三九番から荷物を取り出す。着替えやノート、便箋、それから差し入れでもらった雑誌や書籍（六冊まで入れておける。房に入れてよいのは三冊までで、それ以上は留置場の受付で保管）を取り出す。

釈放の時どんな感じで呼び出しがあるのかは室長から聞いていたので、すぐにそれと分かった。

「いよいよ来ましたね。お疲れさまでした」と室長に言われ、「お世話になりました」と頭を下げて廊下に出て荷物をまとめた。

ボスとサンは取り調べ中で不在だったので、二人には別れを告げることができなかった。もう二度と会うこともないだろうから、この場を借りて改めて御礼しておきたい。色々とお世話になりました。その節はどうもありがとうございました。

そのまま受付まで連行され、「釈放ォォォォウ！」の声でドアから通路に出される。その瞬間、担当官の態度が下級市民から一般市民への扱いに豹変するのである。その担当官は奇しくも、拘置所からの逆送時にシャブおじさんをいじめていた、あの若い警察官だった。「お疲れさまでした。荷物はあそこにありますので、取りに行きましょう」

ついさっきまで命令口調だった人間がいきなり〝ですます調〟で話すようになるのは、ものすごい違和感だ。あまりに腰の低い人間への変貌ぶりにあっけに取られていると、「外に出たらもう被疑者じゃないですからね」と声をかけられ、ますます不気味に思った。しかし俺はこの男が体調が悪い被疑者に対してヒドい態度を取ったことを決して忘れない。

荷物がある部屋へと丁重に通され、入る時に押収された荷物をチェックする。タバコ、CD、USBメモリー、ヘッドホンと、ご丁寧に全てチェック表が付けられている。

二三日ぶりにBAYHOODのキャップを被り、寅壱《とらいち》の安全靴に足を入れる。「ああ、これでひとまず外に出られるのか……」と実感した。

例のトメ服として寄付する服や、官本として寄付する本をより分けるなどの荷物の選別をしている間、担当官が「いやぁ、たくさんの人が面会希望に来てましたよ。有名な人なんですねぇ」とか「この本、面白そうですね」などとやたらに話しかけてくる。

ちなみに「面白そう」と言ってたのが、友人のDJアボ君が差し入れてくれたコロッケさんの本『母さんの「あおいくま」』であった。彼はコロッケさんのファンだそうだ。声がやたらと明るいのが妙に腹が立ったが、コロッケさんのファンに嫌な奴はいない、と勝手に認定したのと、ここでモメたら台無しなので、「そうですね。おかげさまで」と大人な対応をしつつ談笑する。仕事とはいえ、ここまで急に人への態度って変えられるものかね。俺には無理だわ。

というわけで荷造りも無事終わり、丁重に一般市民様として扱われながら、取り調べを受けていた第四課の前を通ってロビーまで連れていかれた。ロビーで待っていてくれたのは彼女と弁護士のY子先生。俺がヤクザの親分だったら屈強な若い衆が出迎えに来ているところだろうが、そういうことはもちろんない。

彼女とも面会では何度か会っていたけれど、こうしていざ外に出てみると大変バツが悪いものである。とりあえず謝るしかなかったので、謝ったことは覚えている。

「とりあえずお疲れさまでした。裁判の前にまたご連絡します」とY子弁護士に言われ「よろしくお願いします。お世話になります」と頭を下げた。そして捕まった時に押収されたバイクが地下駐車場に保管されていたので、刑事に案内されて取りに行った。

まだ肌寒さが残る三月の夜、外に出ると渋谷の夜の光が眩しかった。こうして書くと詩的な感じだが、二三日間蛍光灯の明かりしか見ていないと、街の猥雑さや情報量の多さに本当に驚く。相当中の景色に慣れ切っていたんだなと思った。たった二三日間でこれなのだから、数年、数十年の刑期を終えて刑務所から出てくる人の目に、社会はどのように映るのだろう。体験をした人でなければ絶対に分からない感覚なんだろうな。

そうそう、外に出て最初に何を食べたか、というのは興味があるところだろう。

「何が食べたいの？」と聞かれて「炭酸飲料」と答えたら呆れられたが、本当にそうだったので、警察署の隣にあるコンビニに入りコーラを買った。そして一気に飲み干す。「いやあ、炭酸が強いな〜！　うまいな〜！」普通にそんな言葉が出た。

それからアシパンのオーナーと話をすることになっていたので、交通法規に普段の一〇〇〇倍くらい気をつけながらバイクでアシパンに向った。

渋谷の風は肌寒かった。

■判決の日

仮釈放されてしばらく経ち、いよいよ裁判の日がやってきた。

俺の場合は〝即決裁判〟というもので、通常裁判は起訴されてから二カ月以内に行われ公判自体も数回に分けて行われるが、この即決裁判は、事案が明白でありかつ軽微であること、証拠調べが速やかに終わると見込まれる事案に対して、被疑者の同意を条件として行われる。

東京地検で俺を取り調べたおじさん検事が「君は罪を認めてるので即決でやろうと思うんだが」と言っていたので、その旨を了解したのである。

即決裁判は起訴から一四日以内に行われ、判決は原則として即日出る。また、その場合、有罪判決であっても懲役または禁錮の判決を言い渡す時は必ず執行猶予がつけられることになる。つまり即決裁判で裁判を行うということは、執行猶予つきの判決が出るということなので、いきなり刑務所の可能性はなくなるのだ。このシステムは原則として被害者なき犯罪（自己使用目的の薬物犯罪など）について適用されることが多いらしい。

ここまでの流れは、逮捕↓四八時間勾留↓一〇日間の勾留延長↓一〇日間の勾留延長↓保釈金を支払っての保釈（その間の謝罪廻り）↓即決裁判（今日）となっている。

裁判のために準備することが少々ある。当日行われる被告人質問の受け答えメモを作ったり、反省文を作って事前に裁判官に提出するという作業だ。反省文は、二〇日間の勾留延長を差し止めする要求の際に書いたものを手直しした。

余談だが、〝反省文の鉄則〟というものがある。これは、今回大変ご迷惑をおかけした一人であるユニバーサルミュージックの寺嶋真悟氏に教えてもらったのだが、反省文には三段落が必要で、〝過去、現在、未来のことを書く〟のが鉄則だそうだ。その三要素のどれか一つでも欠けていると「コイツ、反省してないぜ！」「反省の色が見えないな！」と突っ込まれ、ネットに掲載した場合、炎上する恐れがあるそうだ。メジャーなレコード会社だと〝ネット上の炎上対策セミナー〟なるものがあるらしく、そこでその知識を身につけたと話していた。いやはや凄い世界だ。

アシパンのホームページやFacebookで俺の反省文をご覧になった方は分かると思うが、その鉄則を忠実に守った文章になっていると思う。本人が十分に反省しているのに文面に手落ちがあったせいで「反省の色が見えない」と言われるのは、あまりにもいたたまれない。もし貴方が会社の失敗などで反省文を書くハメになったら、この鉄則を守れば問題ないだろう。まぁそれでも怒る人やとやかく言ってくる人はいるだろうけど、それはもうどうしようもない。

被告人質問の草案は弁護士Y子先生が、俺の今までの話や反省文を元に作成してくれていた。

被告人質問は裁判のメインとなるもので、弁護士から被告人に、そして起訴した検察官側から被告人に対して質疑応答のやり取りをするものだ。それに証拠や情状酌量の部分を審議して、裁判官が判決を下すわけだ。自分が依頼している弁護士からの質問なので、何を聞くかどう答えるか、という打ち合わせは予《あらかじ》め準備できる。俺の場合の被告人質問の草案は、このような感じである。

弁護士「先ほど裁判官が起訴状を読まれましたが、その公訴事実について間違いはありませんか」
被告人「はい」
弁護士「あなたには前科前歴はありますか」
被告人「ありません」
弁護士「ということは今回の逮捕勾留が、あなたにとって初めての身体拘束でしたね」
被告人「はい」
弁護士「約一カ月ほど身体拘束されてどうでしたか」
被告人「非常に辛く、もう二度とこのような経験はしたくないと思いました」
弁護士「あなたはいつから大麻を使用するようになったのですか」
被告人「平成二六年の一二月末からです」
弁護士「大麻を使用したきっかけは何だったのですか」

被告人「私は一八歳の時から音楽の仕事をしているのですが、なかなか売れず行き詰まっていました。そして音楽をするにはやはりドラッグ体験が必要だと勘違いしてしまい、使用を始めました」
※高野さんの言葉で。

こういった台本で前日、弁護士事務所で軽くリハーサルみたいなものをした。「はい」「いいえ」で答えられるものだけなら楽だが、込み入った質問もあるので、それなりの暗記が必要である。

裁判で台本があるとはおかしな話だが、これは普通に行われているそうで、自分も例に漏れずこういった草案を元に自分の答えを作って準備していった。前日は彼女に弁護人の役をやってもらって、スムーズに答えられるように練習した。ラジオでのフリートークとは違い、決められた言葉を暗記して話すのはなかなか難しく苦労したが、最終的にはキーワードだけ覚えておき、自分の言葉で答えるようにした。

このように弁護士からの被告人質問は予め準備できるのでそれほど心配はないが、弁護士の後の検察側による被告人質問は、何を聞かれるか分からないので準備のしようがないし、厳しい突っ込みが入る可能性があるので、落ち着いて思ったことを答えてくださいとのアドバイスを受け、いよいよ当日に臨む。変に知り合いの傍聴人が多くても嫌なので、いつどこでということは周りの人達には黙っておいた。

霞ケ関にある東京地方裁判所四二三法廷にて、一〇時三〇分からの予定であった。さすがにTシャツとジーパンはまずいということで、当日は唯一自分が持っている背広というか喪服に、ストライプのネクタイという姿で向かう。

霞ケ関に向かう電車の中、「〇〇映画学校　裁判所見学の手引き」みたいな紙片を持つ若者がいた。なるほど、映画の勉強で裁判を傍聴することもあるんだな。

裁判所はデカい。勾留質問で来た時は、手錠で繋がれたまま全面スモークのかかった警察のバスで護送され、地下の被疑者専門の入り口から入っただけだったから分からなかった。

裁判所でY子弁護士先生と合流し、自分の裁判が行われる法廷へ向かう。

昭和五八年に完成した東京高等裁判所、東京地方裁判所および東京簡易裁判所（刑事部）の合同庁舎は地上一九階、地下三階におよび一五〇を超える法廷を持ち、延べ床面積は約一四万平方メートル（東京ドームのグラウンド面積の約一〇倍）。また、一日の利用者数も一万人を超えると言われており、名実共に世界有数のマンモス裁判所だ。

俺の公判が行われる法廷は小さいタイプのもので、会議室のような雰囲気だった。よくテレビドラマで見るような全面木目張りの法廷とはちょっとイメージが違った。傍聴席は三〇席程度で、室内は明るかった。

その日のタイムテーブルに合わせて、次々と裁判が行われているらしい。俺が到着した時はまだ前の裁判が行われていた。ドラマや映画などで見たことはあるが、実際はどのような感じなのかを見ておくために傍聴席で前の裁判を見ることにした。傍聴人は裁判中でも自由に出入りでき、受付もなく、割とフランクな感じなのが意外だった。

恐らく大きな事件だと傍聴券は抽選になったりするのだろうが、自分のようないわゆるションベン刑にはそれはなかった。というか、なくて良かった。

傍聴席につくと、前の被告人が判決を言い渡される直前だった。

即決でない通常の裁判だと、公判の結果が出るのに数カ月かかることもある。俺の前の被告人は数カ月間、裁判を闘ってきたのだろうか、この日は判決だけを申し渡される裁判であった。

正面に厳格そうな顔をした年配の裁判官がおり、向かって右に弁護人席、左に検察官席、書記だかなんだか分からない人も数人いて、傍聴人を除いて九人か一〇人くらいいる。

被告は善良そうな気弱そうな二〇代中盤くらいの青年で、罪状は「住居侵入し女性の両乳房を触る。自転車に乗って女性のハンドバッグをひったくり（被害額は一万六千円）。その際に軽傷を負わせた」ことらしい。

彼はお詫びとしてそれぞれ被害者に二万円ずつの賠償金を支払ったことや、反省していることを弁護人が告げる。しかし裁判長の判断により、彼の罪は重たいと判断され、初犯にも関わらず執行猶予なしの二年の実刑が科せられた。

どうしても女性のおっぱいを触りたかったのだろうか。そのお金もなかったからひったくりをしてしまったのだろうか。男なら分かるだろうが、〝モテない、金ない〟ということは本当に苦しいことだ。そんな奴は俺の周りにもゾロゾロいるし、俺自身も魔が差していたらそういうことをしていたかもしれない。

判決を言い渡された後の彼の表情は見えなかったが、深くうつむいていた後姿に、胸が詰まる思いがした。性犯罪系は刑務所内でもバカにされたりして立場が弱いらしい。たった今、彼の今後の二年間の人生は決まってしまった。前科者に対する世間の目、社会復帰のキツさを考えると、ここは本当に人間の運命が裁かれてしまう恐ろしいところだと思う。

俺ももちろん法律を破ってここに来ているのだが、目の前で一人の人間の投獄が決定される瞬間を見てしまったことは結構な衝撃だった。

判決を言い渡された後、彼は警察官に手錠と腰紐をかけられ、法廷の奥の方の小さな扉に連行されていった。

手錠と腰紐で彼が拘束されるのを見た瞬間、二週間前の記憶が蘇った。俺もああして手錠と腰紐をつけられて地検の中を取り調べで連行されていたんだなぁと思うと、何とも言えない気分になっていた。二度とあの気分は味わいたくねえな、と。

前の裁判が終わると、特に呼び出しも何もなく、傍聴席から法廷内に入るように弁護士に促され、被告人席についた。

にわかに俺の裁判が始まった。傍聴席をチラ見すると、そこそこ席が埋まっていた。なぜか九割が若い女性で、「俺、こんなに若い女性のファンいたかな〜？」と思ったが、多分この子らは先ほどの映画学校かなんかの生徒で、俺のことなんぞ知らないのだろう。裁判の傍聴を趣味にしている人もいるらしいが、多分「高野政所の裁判だから」ということで来てる人はいないと思う。実際その女の子たちは、見たことない顔ばかりだったし。

裁判長からこれから裁判を開始することを告げられ、お決まりの黙秘権などの説明を受ける。名前、住所、本籍地を言わされてから、検事による罪状の読み上げと証拠の提出。

検事は二〇代後半くらいの女性で、スーツをビシッと着こなした、ちょっとSッ気が感じられるような知的なタイプだった。

読み上げが終わると、弁護人から反省文の提出があった。普通、反省文は裁判長が受け取り、その場で黙読するものだと言われていたが、なぜか裁判長は「では、その反省文を読んでください」と言い、俺ではなく、弁護士が朗読させられた。自分の書いた文章を他人に朗読されるのは結構恥ずかしいものである。それも反省文だし。しかもY子先生、カミカミだったしな。

自分の反省文をY子先生に読まれる中、周りを見回してみると、裁判長の前の席に座った法廷服を着たおばさん（多分、書記？）が緊張感ゼロの弛緩し切ったツラでずっと鼻くそをほじっていた。「オイ！　裁判中やぞ！　人の人生が決まるって時に、このクソババアは悠長に鼻くそをほじりやがって！　畜生！　ブン殴ったろか！」と思ったが、殴って傷害の罪が追加されたらシャレにならないのでじっと大人しくしていた。

いきなりの朗読要請に面食らったものの、気を取り直して被告人質問となる。これは打ち合わせと練習を入念にしたので問題なく終了した。そして、いよいよ懸念の検察官側からの被告人質問だ。

例の一見して女王様タイプの検察官がどんなに厳しい追求をしてくるんだろう……きっとこれは厳しいぞ、と身構えた。

が、質問は拍子抜けするほどあっさりと終わってしまった。そこでのやり取りは本当にあっけないもので、押収されていた証拠の写真を見せられ「これはあなたの物で間違いないですか？」と聞かれ「はい」と答える。「これは大麻ですよね？」と聞かれ「はい」と答える。「もうこれはいらないですよね？」と聞かれて「はい」と答える。「では、質問を終わります」「……」以上。

「え？　これで終わりなの!?」といった感じだ。完全に拍子抜けしてしまった。

いよいよ判決。しかし厳しかったのは検察官ではなく、裁判長だった。判決の前に裁判長から厳しい追求を受けたのだ。「お前は取り調べの担当か？」ってぐらいに事件を起こした動機や今後のこと、更に突っ込んだ質問をされてしまい、完全にアドリブで答えるハメになったため、少々狼狽した感じになってしまった。検事じゃなくて裁判長自身が、ここまで被告にグイグイ迫ってくるなんて想定外だよ！

その後判決が下され、俺は懲役六カ月、執行猶予三年の立派な前科者となって晴れて保釈されることとなった。Y子弁護士も「あそこで朗読させられるなんて思いませんでしたよ～、カミカミですみませんでした。あと検察官じゃなくて裁判長が厳しかったですね。でもあの裁判長は更生させようっていう正義感の強い人なんで、ああいった形になったのでしょう。多分、検察官の質問がゆるかったこともあって、厳しく来たんじゃないですかね」と言っていた。なるほど、でも俺はそれよりも、鼻くそをほじりまくっていたあの書記のババアの方が気になったけどね。

というわけで、こうして俺の人生初、そして二度と体験したくない逮捕、勾留、起訴、裁判という一連の流れは終結した。

※保護房……反抗的な容疑者が押し込められる独房。いわゆる懲罰房。

そして翌日――
おい こっちだ！
き……来た……
保護房から来た男……いったいどんな荒くれが……
入れっ！
実録・渋谷警察署内留置場第八居室
ボスと呼ばれた男!!
実話提供・高野政所 漫画・ジェントルメン中村

ゲエエ……
ゆ……指が二本ない……
しかも眉毛もイレズミ……まごうことなきヤクザ……!
こりゃァ恐怖の日々が始まるぞ……
ど〜も〜
よろしく
お願いしま〜す♡
えっ!!
タカノサン、アノヒトザクザ※デスカ!?
何されて入ったんですか?
いや〜渡世上のいさかいでして……
あれ、もしかして……
あ、そちらさんは……?
ク……クサですけど……
あ〜なんだじゃあすぐ出れますよ〜
元気出して出して!
この人意外といい人かも……

※「ヤクザ」のこと。サン青年は「YA」を「ZA」としか発音できない。

そう……四六番氏は現役バリバリの〝組長〟だが
陽気で気さくな男だった
オレ、チンポに真珠二〇個入れてんだよ〜
す……凄い……
ボス、幸せって何ですかね？
ム〜明日の昼飯の自弁かな〜
いつの間にか政所も彼を〝ボス〟と呼んで打ち解けていき……
サンちゃんラッスンゴレライ知ってる？
ラッスンゴレライ説明してね♪
シラナイデス……
プッ
恐怖心は薄れていった……
ラッスンゴレライって何ですのん♪
ハイ！やってみて！
ヨクワカラナイネ……
お……面白すぎる……
ピク
ピク
ただ、ボスはハードな容疑だったため取り調べは連日五時間以上続き……
ラッスンゴレライ♪
ゲッソリ
過労が目に見えて蓄積されているのが気がかりだったが……
そんなある日、例によってボスが取り調べで不在の時……
二八番、新しいトメ服だ！
アリガトゴジャイマス
〝トメ服〟とは署から容疑者に貸し与えられる服のこと
留置場の〝留〟を訓読みした〝トメ〟の文字が必ず書かれているのだが……
トメ
サンちゃん、新しいトメ服どんな？
クルッ
ハイッ!!

コレ
デス!!
ドオオ
トメ
ブッ
ダハハハ!!
それ〝トメ〟
デカすぎ!!
あっ
ボス
おかえり
なさ……
!!
イライラ
………
ヒッ!!
ブン
うわあ……スゲー
荒ぶった雰囲気……
そうとうストレスフルな
取り調べだったみたい
だぞ……
ヤツ当たり
されたら
どうしよう
ンン?
ヌボー
サンちゃん
……それ
……

トメ!!
ブクブク
ブギャラーーーッ!!
ダハハハ!!
ボ……ボス!!
何すかそれは!?
ン〜トメ!!
ヒヒィ〜ッ!!
く……苦しい!!
警視庁渋谷警察署
イラ立ちを笑いへと
瞬時に切り換える男、ボス!
この男にゃかなわねェ!
心の底からそう思った
高野政所であった——
完

ジェントルメン中村・プロフィール

二〇〇二年、「漢の私生活」で「ヤングマガジン月間新人漫画賞奨励賞」を受賞。『別冊ヤングマガジン』にて、二〇〇三年「マスラオ桶狭間」でデビュー。代表作に『プロレスメン』（講談社）、「パチスロ男爵」（白夜書房『パニック7のパチスロ入門』掲載）がある。『東京スポーツ』の木曜日連載「我がギャンブル人生は悔いばかり!」の他、多くの漫画作品を手掛けている。

第二章
前科おじさん

■人生の一回休み（釈放後一週間の時点での手記・二〇一五年八月二〇日）

ここまでは多少面白おかしく留置場での生活を書いてきたが、本章はシャバの生活に戻ってから一週間が経ち、やっと〝これが当たり前〟といった感覚が戻ってきた時に書いたものだ。まずは自分以外にも留置場体験を記している人がいるだろうと思い、ネットを調べてみることにした。すると長編・冤罪小説『死刑を求刑された男～それは冤罪から始まった。』という無料小説を見つけた（こういった内容に興味がある方はぜひネットで検索して読んでいただきたい）。おおまかなあらすじはこういうものだ。

主人公が、ある日突然冤罪事件に巻き込まれ、運命を狂わせていく。実刑判決を受け矯正施設に送られた主人公は、被害者重視の捜査と司法制度に疑問を抱き、裁判官と検察官への恨みを日に日に募らせていった果てに、ついに脱獄囚となり復讐劇を遂行する。

ストーリーはもちろん重々しいのだが、逮捕された人間の心情や生活がリアルに描写されていて、自分の体験と重なり本当に重苦しい気持ちになってしまった。俺がもし本当に無実でブチ込まれていたら地獄としか言いようがないし、人間扱いされないことで本気で自殺も考えてしまっただろうし、完全に頭がおかしくなっていたと思う。想像するだけでも恐ろしい。

俺の場合は現行犯だったので言い訳も通用しなかったし、自分でも罪を認めていたからあの体験を受け入れられたものの、もし自分が本当に無実であったなら、と想像すると背筋が凍りつく思いだ。

日本では逮捕＝有罪の確率が九九パーセントだという。そういう意味では無実の人でも逮捕された時点でほぼ犯罪者となってしまう。真っ当に生きてきた人ほど、あの体験は堪えるだろう。四八時間＋二〇日間は留置されるし、仮釈放が出なければ裁判が行われるまでの間は拘置所で二カ月を過ごし、裁判中も拘置所暮らしになる。判決が出た後、超わずかな可能性で無罪になるか、有罪でも執行猶予が付けば出るには出られるが、たとえ無実であっても逮捕された人間への世間の目は厳しい。社会的な信用は失われてしまうし、何を言っても盗人猛々しいの世界だ。会社勤めの人であればそれだけで免職になったり、家庭があれば崩壊してしまう可能性もあるだろう。そして前科という記録が残る。前科者になれば社会復帰への道は本当に厳しい。ネットで前科者の社会復帰を調べてみても、皆相当苦労しているようだ。

もし何の罪もない人が、こんな状態になってしまったらどうなる？　事実と違った判決を下した検察官や裁判官は、罰せられることはない。そのたった一度の判断で、一人の人生をメチャクチャに破壊したとしてもだ。よっぽどそいつらの方が、人でなしじゃないのか？

しかしこうして冤罪に対して怒っている以前に、もはや自分も立派な前科者であり、現に店を失い職を失っている。恐ろしくてエゴサーチもできない。もう三八歳だ。そろそろ人生も後半戦に差し掛かる。彼女にも苦労と迷惑をかけた。

一部では変に有名だったことで、ニュースでは実名報道され、あっという間にネットで拡散した。調べようと思えば、前科者だとすぐに分かってしまう状態だ。顔バレもしている。まともな会社なら雇ってくれるはずもない。

これまでの自分の生き方を振り返ると、決して悪の道を生きていたわけではないが、一般社会の中では違う意味でアウトローだったと思う。まともな会社に就職もせず、人を面白がらせたり喜ばせたりすることで何とか生きてきた。こんなメチャクチャな人生でも、周りの人達に愛してもらい、支えてもらって今まで生きてきたんだなあとつくづく思う。こんなバカ野郎がここまで生きて来られたことに感謝しないといけない。それなのに本当にバカバカしいことをしたな、と思う。

この先、音楽で大ヒットを出して人生一発逆転ということもないだろうし、前科者の俺が何を言ってもやっても喜んでくれる人なんているんだろうか……。そんな恐ろしく大きな絶望と後悔が心にズッシリと重い影を落とす。

「そんな思いをするくらいなら、やんなきゃよかったじゃねえか」という話だ。まさしくその通り。ぐうの音も出ない。

留置場の中では色々なことを知ったが、やはり〝裏社会〟というものが確実に存在していることが分かったのは本当に衝撃だった。眠れない夜に「俺もここにいる人達のようにいっそ裏社会に身を落としてしまおうか？」とまで考えたこともある。裏社会の人達は腹が据わっている。留置場の中でも割と明るい。そんな明るさに大いに助けられたこともある。でもこの人達は、前科があっても刑務所に入っても、シャバに出れば周りには罪を犯すことに対して偏見のない、罪を犯して生きていくことが当たり前の人達にまた迎えられるのだ。裏社会という帰るところがある。正直うらやましい部分もある。

しかし俺にはそんな度胸も根性も覚悟もない。表社会を前科者として生きていかねばならないし、今後更正して法を犯さないで生きていくとしても、俺を真っ当な人間として見てくれる人はいるのだろうか？　そんな気持ちで外に出た。

そして、仕事で迷惑をかけた人達、心配してくれた人達に謝罪をして廻った。こんな俺を信頼してくれていた、見捨てないでいてくれた人達は、「捨て鉢にはなるな。ちゃんと謹慎して反省して、真っ当な道を歩め」と言ってくれた。気心知れた昔の仲間達は「逮捕されたって聞いて面白かったし、笑ったわ」とネタのように捉えている連中もいて、正直そういう対応の方が自分的には助かるところもあったが、もちろん厳しい対応の方々もいた。「謝罪をしたいので、会いたいです」とメールを送ったこと自体を、快く思っていただけなかったりもした。まぁそれは仕方ないというか、そういった方々に交流を絶たれるということも自分が犯してしまった罪の報いでもあるのだから、甘んじて受けるしかない。特に仕事関係においては、犯罪者が仕事に絡んできたら困るというのも当たり前の話なので、それに関しても不平不満は全くない。

ネット上では、遠方のラジオリスナーから「犯罪者はもう二度と戻ってくるな！　死んじまえ！」くらいのツイートもあったようだ。ショックを受けているのだろうなと思ったし、そういう気持ちにさせてしまって申し訳ない、という思いはもちろんあるが、見ず知らずの人達に「死ね」とまで言われるのは正直凹む。

刑事的責任においては、裁判という国で決められた正式な手続きを踏んで、一応、懲役六カ月、執行猶予三年という形で罪を償っている身なのだから「死刑」を言い渡されていない以上は「死ね」と言われても困るのだが……。それでもこの国で生きていくということは、この国のルールに従わなければ、命は取られないにせよ社会的には抹殺されたようなものなのかもしれない。

こうやってルールを破ってしまった自分。今までの生き方や人との接し方、そういった諸々が今回の事件で差し引きされて、一体何が残るのか。ちょっとスピリチュアルな話になってしまうが、カルマ（業）の清算が行われているんだろうな。その先に何があるのか？　それは俺にも分からないし、誰にも分からないだろう。

「人生行き当たりばったりの出たとこ勝負」という言葉は、ガモウひろし先生のデビュー作『臨機応変マン』の主役、臨機応変マンのモットーだが、これを小学生時代に読み真に受けてここまで生きてきた男の人生は、一回休みのマスに止まったわけだ。

今は謹慎する。そして反省する。よく考えてみる。

そして色んな足枷、ペナルティーをつけてしまったとしても、もう一回サイコロを振ってみるしかないのだ。

■捨てる神あれば拾う神あり　パート1（二〇一五年九月二八日）

シャバに出てきた。

何でもないようなことが幸せだったと思い続けた留置場生活だったが、無事保釈請求が通り、再び外の世界に出ることができた。自分の家に戻りこの二三日間を思い返してみると、まるで長い悪夢を見ていたような気分になったが、これは現実である。厳しいのはこれからだ、と自分に言い聞かせた。とりあえず見捨てないでいてくれた彼女には、最大限のお詫びと感謝をこの場を借りて送りたい。ごめんなさい。そして、ありがとう。

まずは社会的な償いをしなければならない。急いで仕事関係で迷惑をかけた方々にアポを取り、順繰りにお詫びと今後の話をさせてもらいに行った。多くの叱責を受けるだろうと覚悟していたのだが、意外にも「いや〜心配しましたよ」と優しい声をかけてくださる方が多かった。

音楽仲間にも連絡を入れた。GUNHEAD（OZRO SAURUS/HABANERO POSSE）は、俺の逮捕のニュースが出た後、速攻で報道アナウンスを曲に混ぜてblock.fmで流してネタにしたらしい。さすがガンちゃん。ちなみに、そのニュースを録音して素材として確保していたのはDORAMARUで、これらはLEOPALDONメンバーの心暖まる連携プレイだった。

それから印象深かったのはTOSHIHIRO（ex. MAD刃物）に電話をした時。開口一番「政所さん面白かったです！　まあ心配もしましたけどね」と言ってくれた。これにはかなり救われた。明らかにやらかしちゃったことを笑いで済ませてくれる、そんな信頼できる男達に俺は囲まれていたのだなあと我が身の幸せを改めて感じたのであった。

それでもツイッターをはじめとするSNSでボロクソに言われてるのは何となく分かっていたし、ご丁寧にも俺が中に入っている間に「政所」でエゴサーチをかけて、いわゆる〝ネットの声〟を逐一チェックしてくれるような人もいた。

聞いたところによると、俺が覚醒剤で逮捕されたことになっている呟きもあったとか。情報はどんどん改変されるなあ……。

ツイッターといえば、逮捕されたことでフォロワーが三〇〇人くらい増えていたのには苦笑するしかなかった。あれ以来ツイートは一切していなかったので面白くなくなったのだろう、その野次馬三〇〇人は今ではすっかりいなくなったようだ。世の中は得てして下世話なものである。人の噂も七十五日といったところだろうか。

皮肉なことといえば、ラジオに出たりメジャーデビューしたり、毒蝮三太夫さんとコラボしてテレビ放送されたりした時には一切連絡をよこさなかった従兄弟（この従兄弟は八〇年代にヤンキー雑誌『チャンプロード』に載ったりしていたタイプ）から、何年か振りに連絡があったことだ。

三年前に両親を亡くしてから親戚とは全く連絡を取ることもなかったのだが、ある日突然電話が鳴った。内容は「おう、大麻でパクられたのか？　執行猶予何年よ？　大変だなー、今後は気をつけろよな！」とあっさりしたモノだったけど、世の中良いことよりも悪いことの方が拡がりやすいのだな。まさに〝悪事千里を走る〟を体感する出来事だった。

手っ取り早く有名になる裏技として、逮捕されて報道されるということはもの凄い効果がある、というのは今回学んだことだ（良い子はマネしないでください）。

とにかく俺は、立派な前科者となったわけだ。世の中は前科者に厳しい、そんなことは誰でも分かっているし、これからの自分の社会生活にも相当な逆風と困難が待ち受けているのだろうと覚悟していた。

懸念の一つが引っ越し問題。逮捕された時、俺は都営浅草線の西馬込というところで彼女と同棲をしていた。新しい建物だが、間取り1Kのとにかく狭いマンションで、「独居なのになんでか二人」（羅王『独居房の夜』より）な生活で、いい加減狭いところには辟易していたので引っ越しの準備をしている最中だった。転居先も決まっていて、引っ越しは三月一六日の予定だった。しかし自分がパクられたのが三月三日なので、檻の中でその期日を迎えていたのだ。とりあえず保釈後は転居前の家に帰ってきたのだが、そういえば引っ越しの件はどうなったのだろうかと彼女に訊いてみた。

現在、俺は戸越銀座（東京都品川区）に住んでいる。物件を探している時、その町で一番汚くて古そうな不動産屋さんに決めて相談していたのだが、社長は気のいい未亡人のオバサンで、今はもともとの社長である亡くなった旦那さんの友達と一緒に経営しているそうだ。そこで良い物件を紹介してもらい、気に入ったのでそこに決めていた中での逮捕、勾留であった。

彼女は正直な性格なので、こうなってしまったことを破談覚悟で不動産屋さんに全て話したらしい。すると不動産屋さんのおっちゃんは、若い頃ハワイアンバンドを組んでいた人で（当時のハワイアンバンドなんて言ったら、そりゃあもう不良なわけで）、「あ〜大麻か〜。俺も若い頃吸ってたなあ〜。はいはい、大丈夫、大家さんにはうまく言っとくからさ。心配しないでいいよ」という予想の斜め上の神対応で、無事事なきを得たのだそうだ。地獄で仏！　捨てる神あれば拾う神あり！　神様、仏様、元ハワイアンバンドの不動産屋様だ！
とこのように、まずは住むところの心配はなくなったのだが、とはいえ店も畳んだし、音楽活動も休止した……。次は仕事を探さなければ。仕事探しの話でも〝捨てる神あれば拾う神あり〟的な素敵な展開が待っていた。

■捨てる神あれば拾う神あり　パート2（二〇一五年一〇月五日）

住居問題は不動産屋さんの粋な計らいにより何とかなったが、職を失っている状態である。店は畳み、音楽関係の仕事は一年間休業することに決めた。仕事を探さなければならない。が、仕事探しの話の前に、俺が体験してきた過去の仕事を振り返ってみたい。

もともとお金にはあまり縁がないようで、いくらラジオに出ていようがメジャーデビューしようが、生活はできるものの、月収は恐らく同世代の半分にも満たない中で生活をしていた。まぁ生きてはいけるが贅沢はできないといった感じだ。

それでも毎日、仕事だか遊びだか分からないようなことをして生きてこられたので、それはそれでとても楽しかったし幸せであったなぁと今になって思う。そもそも何でそんな調子で一〇年間もやってこられたのだろう？

俺は、仕事、もっと言うと人生全般について、〝負け組根性〟がどうしようもなく染み付いている。人並みの収入をもらったことがないという面はもちろんあるが、安定してそうな人々に対して、今でも無意味な敵意を燃やしまくって生きているところがある。まぁ「誰しも安定なんてものはないんだよ」なんて意見も聞くけれど、少なくとも正社員の人達は「俺よりは安定してるだろーが！」という勝手な思い込みがある。

自分は一九七七年生まれで、学校の成績は中の上くらいだった。理数系は全くできなかったが、親のプレッシャーの中、一応ストレートでそれなりに有名な大学に進学させてもらい、多くの学生がそうであるように、普通に卒業し普通のサラリーマンになる予定だった。しかし自分が就職活動に入った年、時代は史上空前の就職氷河期、買い手市場に突入したのだった。

それでも将来に対して意識の高い学生は一流企業に受かっていたが、自分のような、面接では「御社のために尽くす所存です」とか言うくせに、「うぁー。仕事とか面倒くせぇなー。本当は音楽が好きなんだよなー」と心の底で思っているようなナメたモラトリアム人間は全く採用されることがなかった。多分、景気が良かった時代はそれでも良かったのだろうが、とにもかくにもシビアだった。

色々な企業の面接を三〇社近く受けて、七社ぐらいは最終面接まで進んだのだが、なぜか最終段階で落とされることが続いた。どこの企業も最終面接となると社長が出てくるのだが、面接の時点で「こいつは会社に身を殉ずることはなさそうだな」と見抜かれていたのだと思う。経営者になるような人ってそういうのを見抜きそうだし、俺は嘘をつけない性格なので！

ちなみに俺の学年の一個下、二個下の後輩はバンバン就職も決まっていたような印象があったから、確実にタイミングは悪かったと思う。後々知ったのだが、どうやら俺は〝ロスト・ジェネレーション〟ど真ん中世代らしい。ロスト・ジェネレーションとは、バブル時代の景気が良かった大人達の生活を何となく知りながら思春期を迎え、その幻影が消えることがないままに大学卒業時に就職氷河期を迎え、グローバル化や新自由主義経済が加速させた〝格差社会〟の中に投げ出された世代のこと。その数は二千万人弱。雇用機会を均等に与えられなかっただけでなく、長期の経済不況下にあって、非正規から正規雇用、再就職といった再チャレンジの道も閉ざされていた世代らしく、割と人生ドン詰まりなわけである。だからその時から俺の心には〝負け組根性〟が染み付いているのだ。

そんなわけでオッサンになった今でも相変わらず被害者意識が残り、「ワイが悪いんやない！　みんな世の中が、生まれた時代が悪いんや！」的なねじくれた僻み根性を持ち合わせているのだと思う。何となく世の中を恨んでいるようなところが常にあって、ネットでよく見る「負け組の奴らが負けたのは自己責任」的な論調における強者からの目線には反吐が出そうになる。とはいえ、ロスト・ジェネレーション、つまり世の中の趨勢のせいであると思ってはいるものの、結局は〝人生行き当たりばったりの出たとこ勝負〟を小学生時代から人生のモットーにして、自分の将来に対する意識が皆無だったのがそもそもの問題なのだろうけど。

そんな中、夏を過ぎても就職が決まらず、ヤケになって就職活動はきっぱり諦めた。親はまだ元気だったし食わせてもらえたから、まぁ何とかなるかと思ってのフリーター生活である。それから八年くらい、音楽活動を続けながらアルバイトをしていた。

レンタルビデオショップ店員、コンビニ店員、宅配便の仕分け、引っ越し屋、下水道の図面書き、メールマガジンのライターなど、色々とやっていた。そうやって何となくバイトをして日銭を稼いでいればそれなりに生活はできていたのだが、同窓会などに行くと、自分と〝ちゃんとしてる人達〟との違いをまざまざと思い知らされた。

二五歳を過ぎると、中学校の同級生達は仕事にも慣れてきて、着実にキャリアを積み、続々と身を固めていく。そんな中、俺は正社員登用への見込みもないようなアルバイトをやりながら、売れるわけもない音楽を続けていた。

〝ナードコア〟ブームで少しの知名度は得ていたので、週末のクラブでライブをさせてもらったり、インディーズレーベルからCDをリリースさせてもらったりはしていたけど、やってる音楽の性質もあり、とてもじゃないけどこれで食っていけるようになることはないだろうとは常に思っていた。かといって真っ当な企業への再チャレンジの道も閉ざされているのだ。言い知れぬドン詰まり感の中、毎日を生きていた気がする。いや、今でもドン詰まり感は続いているのだが……。

バイトの中で一番面白かったのは、渋谷の道玄坂にあるITコンテンツ制作会社だった。当時、インターネットにはあちらこちらに金脈が埋まっているような状態だったのだろう。メールマガジンの編集だけで、企業からバカみたいに高額な予算を取っていた気がする。

この時一緒に働いていたのが、マッドペッターとして、また、パワーポイント漫談ユニット「パンダ中学百年B組」の相棒として一部の人達から知られる存在、後の俺色そめる氏であった。この人が自分に与えたサブカル的な物の見方や面白がり方の影響はすごく大きく、「面白い大人っているんだな！」と初めて思った人である。

当時は社内の柔らかめコンテンツの制作を担当していて、仕事時間中にひたすら清原選手の顔写真でバカコラージュを作ったり、パワーポイントのふざけた使い方を考えたり、水野晴郎先生にインタビューしたりと好き勝手やっていた。ネットバブル前夜だったのだろう、お金があったんだなあ。そしてこの時、仕事だか遊びだか分からないような仕事がこの世の中にはあるのだということも知ってしまった。

結構先進的なことをやっていた会社で、まだブロードバンドも発達しない中、ガビガビの画質のバカ動画コンテンツなんかも作っていた。そうそう、当時、仕事をサボってひたすら作っていたバカコラージュ作品が、未だにここに上がっている。

http://www.geocities.jp/megaroman/stop.htm

「G-SHOCK」が巨人帽を使ったコラージュ、「K-SHOCK」は清原選手を使ったコラージュだ。一五年以上も前に、就業時間中にシコシコ作っていたものである。興味のある方はどうぞ。

仕事時間中に清原のコラージュを作るような奴らしか働いていなかったその部署は、当然のように解散した。それと同時に俺はその会社を辞め、その会社自体もその後ネットバブルの荒波の中、ライブドアに吸収されたのだった。この会社で出会ったのが、俺色そめる氏と、後にアシパンのオーナーとなる棚木純也さんであった。

その後、二七歳の時に一念発起し、音楽仲間と共に大岡山（東京都大田区）にACID PANDA CAFEをオープンさせることになる。

そしてそこには、類は友を呼ぶという他にないような、他に行き場のない一癖も二癖もある〝おもしろ無頼漢〟のような連中が集まってきた。こうしてその後一〇年に及ぶ、いわゆる皆さんご存知であるところのアシパン文化の基礎というものが形作られていった。HABANERO POSSE/OZRO SAURUSのGUNHEADも、SEX山口もプリキュアおじさんも、色んな人達がここでお互いに影響を与え合いながら、各自の特殊能力を磨き上げていった。

しかし、アシパンの〝面白そうだったらゼニ勘定関係なくやってみる〟という経営哲学のもと、というか商売的センスが全くなかったので〝経営〟にすらなっていなかったのだから、案の定、店は二年でガッタガタに傾いた。

楽しかったアシパンももう終わりか……という時に、先ほどのIT制作会社でバイトをしていた時の先輩である棚木さんが、独立し事業を起こし青年実業家として成功していると聞き、久々に連絡を取ってみた。すると「高野君達は面白そうなことをやっているから、ここでやめるのはもったいない。協力するよ」と、神様のような申し出をしてくれて、アシパンは無事存続！　その後、自由が丘、渋谷と場所を移してその規模を増し、俺も遊びだか仕事だか分からないようなことで一〇年間に渡り生きることができた、という歴史がある。

というわけで、俺の今までの人生での〝拾う神〟の一人は、アシパンのオーナーである棚木さんである。ロスト・ジェネレーションが生んだクズ野郎として真っ当な道では生きられそうもない、しょーもない俺という人間を、何にもない時代から気に入ってくれた。このお方には今まで本当にお世話になっているし、今回の事件の後も見捨てずにいてくれることはもう感謝してもし切れない。なのでこの人が常に面白がってくれること、喜んでくれることをしていかなければならないと常に思っているわけである。

仕事探しの話を書こうと思ったけれど、すっかり昔を思い出す話になってしまった。

■捨てる神あれば拾う神あり　パート3（二〇一五年一〇月一三日）

さて、過去を振り返ったところで仕事探しの話に戻ろう。

自粛期間中ではあるが家賃や食費などのお金は必要なわけで、とりあえず収入源を確保しないことには始まらない。手っ取り早く求人情報を得るために、近所のコンビニの『タウンワーク』を持ってきた。一〇年以上振りの求職活動である。三八歳の前科者を雇ってくれるところなどあるのだろうか。雇ってくれるのであれば、ドブさらいでも人体実験でも何でもやる覚悟があった。

ユニバーサルの寺嶋真悟さんには、「日雇いとかで色々なバイトをやった方がいいですよ」と言われていた。だが、せっかくやるのだから、やっていくうちに技術が身につくような仕事はないものか、とちょっと色気を出して探していたところ、家の近所のマッサージ店のスタッフ募集の記事を見つけた。年齢・男女不問なので、看板に偽りがなければ俺にも応募資格はあるはずだ。

実のところ、俺はあんまり、というかほとんど身体が凝らない体質で、マッサージのお世話になったことはほぼなかったのだが、アシパンのお客さんでマッサージの心得がある人がいて、その人に揉んでもらった時にえらいＥＮＡＫ（気持ちいい）だった記憶と、バリ島にファンコット探訪の旅に訪れた時に、オカマのおじさんのバリ式マッサージ師に揉んでもらい（やたら肛門近くを丹念にやられた記憶がある）、それも気持ちが良かった記憶があった。なのでマッサージ師という職業に若干興味を持ってはいたし、俺の考えるＥＮＡＫ論上で言うと、ＤＪとマッサージ師は、形態が違えども同じＥＮＡＫ提供業なのである。ＤＪは一対多数で、マッサージ師は一対一で快楽を届ける職業であるということだ。また、ＤＪでは人をブチアゲる方向のＥＮＡＫ提供を散々やり倒してきたわけだから、今度は人を癒す方向のＥＮＡＫに行くのもまた面白いのではないかと思ったのだ。

そういやＥＮＡＫといえば、留置場で刑事からの取り調べ時にスマホも取り上げられＬＩＮＥの履歴も全部調べられた時、刑事に「オイ、ＬＩＮＥのやり取りにやたら出てくるＥＮＡＫって何だ!?」と真顔で聞かれ、『タマフル』でも散々話をしたようにＥＮＡＫの解説をさせられるという経験をした。きっと新たに流通している危険ドラッグか何かの通称とでも思ったのだろうが、あいにくそれはインドネシア語で「美味しい／気持ちいい」の快楽全般を表す言葉であり、危険なブツを取り引きする際の隠語でも何でもないのだよ、刑事さん。

そんなわけでとりあえずダメ元で近所のマッサージ店に電話をしてみた。すると連絡をした翌日に面接するという話になり、約一〇年振りに履歴書というものを書いた。何度書いても自分が何年に学校を卒業したのかなどは全然覚えてないものだなあ。

職歴はテキトーに粉飾して、前職はバー経営（間違ってはいない）と書いておいた。もちろん賞罰欄にも「大麻所持で逮捕歴あり　現在執行猶予中」とはわざわざ書かないでおいた。だってそれで落ちたら嫌じゃない。

そして翌日、面接の日がやってきた。街の小さなマッサージ店へ出向くと、店舗の奥の執務スペースに通され、恐らく三〇代の小柄なよく日焼けをした女性が対応してくれた。緊張した面持ちで履歴書を提出した。簡単なアンケートみたいなものを書かされている間に、女性は俺の履歴書をチェックしている。俺はそこで痛恨のミス、というか間抜けなことを無意識に履歴書の志望動機欄に書いていたことに気が付いた。

「技術が身に付く仕事をしたい、手に職を付けたい」というのはよくある志望動機だったが、次に書いてあったことが我ながらどうかしてるし、アホすぎた。「地道に働きたい」と書いていたのだ。

つまり、それは今まで〝地道に働いてなかった〟ということを自分で言ってしまっているようなものだ。普通の人は大概〝地道に働いている〟わけで、わざわざこんなことを書く奴はどう考えても普通じゃない。自分では何とも思ってなかった時点でだいぶおかしい。明らかに世間一般の感覚とはズレている。仕事だか遊びだか分からないような状態で一〇年くらい生きてきたので、ごく自然に「地道に働きたい」と書いてしまったわけだ。

そこで彼女の目がギラリと光った。「あなた、普通の経歴じゃないでしょ？」その瞬間に〝真っ当ではない人間〟だということがバレてしまった。

もともと俺は人に嘘をついたり虚勢を張ったりするのがすごく苦手なので、諦めて正直に話すことにした。就活一発目、どうせ苦労することは分かっていたし、これで落ちてもどうってことないやと思い、これまでやってきたことや大麻でパクられて執行猶予中であることを全て話した。が、反応は意外なものだった。

「ふーン、そうなんだ。音楽やってるんだね。あたしMOOMIN（レゲエシンガー）好きなんだよねー。あのMOOMINもハッパで逮捕されてるし、ツイてなかったねぇ。ここじゃあなんだから、場所を移して話しましょう」と一気に砕けた感じになり、「アッ！　話が早い！」と俺は思った。

駅前の喫茶店へと彼女の後をついていった。よく見たら首の後ろに蓮の花のタトゥーが入っていた。そして喫茶店に場所を移して面接は続行された。

「基本的にウチんところは一年以上継続して働けない人は採用しない方針なんだよね。どうせすぐに音楽活動に戻るんでしょ？　それだとウチで採れないね」

「（何だよ、場所移してまで面接したのに採ってくれないのかよ！）じゃあ雇わない前提でいいから、とりあえず色々話をしましょうよ」

そういえば全くの他人と話す機会もしばらくなかったので、俺も楽しくなってきて色々と雑談しているうちに話が盛り上がってきた。レゲエの話、音楽の話、アジアの話と、気付けば三時間以上経過しており、見事に意気投合してしまったのであった。

で、結局「ウチじゃ採用できないけど、介護の仕事とかいいんじゃない？　地元で介護の会社やってる社長の知り合いいるし、紹介しようか？」と言われ、「介護かあ、あんまり考えたことなかったな。とはいえ雇ってくれないとしても、いい繋がりができたし、今日は面白かったからありがとう。仕事紹介の話も話半分で聞いておくわ」

こうして面接という名の三時間にも及ぶ雑談を終えて、帰路についた。すると、まもなく彼女から電話がかかってきた。

「これも縁だし、一年間こっちも必死で教えるから、ウチで働く？」という電話だった。

「じゃあ、お願いします！」

ということで、大した苦労もなく割とすんなり前科者おじさん（三八）のメシの種は決まったのであった。まさに〝捨てる神あれば拾う神あり〟という話。

■入門！　マッサージ業界（二〇一五年一〇月二六日）

そんなこんなであっという間に決まってしまったマッサージ店への就職だが、ここで少しこの業界についての説明をしておこうと思う。

大きな商店街や駅前を歩けば、そこら中に〝整体マッサージ店〟や〝ほぐし屋〟などの看板があることに気付くだろう。いわゆる街のマッサージ屋さんには、マッサージという言葉が看板に使われているところといないところ、値段が一時間○○円と表記してあるところとしていないところなど、様々である。

一般にマッサージというのは医療行為で、厚生労働大臣認定の「あん摩マッサージ指圧師」の資格が必要なのだ。簡単に言うとマッサージという言葉が表記してある店というのは、あん摩マッサージ指圧師の資格を持った施術者がいる医療行為を行う店舗であり、逆に有資格者がいないところはマッサージという言葉でなく、〝ソフト整体〟〝もみほぐし〟など、別の言葉を表記してあるのだ。

前者は医療行為なので保険が適用されるが、看板などに値段の公示ができない。後者はいわゆるリラクゼーションのサービスを提供することが目的となっており、〝あくまでも医療行為ではない〟ということで保険は利かない。一般的に値段が公示されているものは後者である。

あん摩マッサージ指圧師の国家資格を取るとしたら、高額な学費を払ってしかるべき学校に三年通うことになるので、なかなか大変な道である。

街で見かけるマッサージ店はその二つが混在しており、皆さんがよくご存知の大手チェーンはだいたい後者であるようだ。更に、タイ式や中国式などアジア系のところや、性風俗店スレスレのマッサージ店も混在しており、普通の店かと思ったらいかがわしい店だったとか、その中間に位置する店だとか、とにかくややこしい業界のようである。いかがわしい系も風俗店として届出をしているところとしていないところがあったりとで、また変わってくるらしい。

クラブ業界もＤＪ業界もそうだけど、本音とタテマエ、違法と遵法が交錯しているのは世の常である。とはいえ、性風俗系を除いて、やってることは国家資格ありもなしもほとんど内容的には変わりがないのが現状のようで、結局は肩こりや腰痛に苦しんでいる人が症状の緩和や治療を目的にやってくるのである。

この歳でイチから学校に通うのもなかなか大変なので、当然ながら俺が働くことになったのは後者の形態である。〝無免許医師〟にやってることは近いのかもしれないが、とはいえ何も技術がないままでは施術できるわけもないので、入ってから一カ月は研修期間であった。そこで一通りの施術方法を教えてもらう。面接を担当してくれたＡさんからマンツーマンで教えてもらうのだが、国家資格ではないとはいえ、体重の乗せ方やツボの場所といった技術的なことから、接客の仕方、事務作業まで、覚えることはなかなか多い。研修は一日三時間程度。ほぼ毎日通って一通りの技術を習得し、一応民間資格の〝リラクゼーショントレーナー〟という名前の資格を得たわけだが、何が大変って、それはもう指が超痛い！　心が折れる前に指が折れるかと思った。

どうやらこの手の仕事には〝指ができる〟という表現があるらしく、とにかく指ができるまでは我慢するしかないとのことだった。分かってはいたが、どんな仕事も楽じゃねーよなーという感じである。

そんなこんなで一カ月の研修期間が過ぎ、店舗に配属され、〝身体揉みしだきおじさん〟としての毎日が始まった。

週五日間、朝一〇時から夜八時までの一〇時間勤務。久々の真っ当な時間の真っ当な仕事なのだが、この仕事は給料が完全歩合制であり、お客さんの身体を揉んでる間しかお金が発生しない。初めのうちは指ができていないため、多く仕事をやろうと思っても指が持たないのだ。勤務年数二年とか三年の先輩は、一日に四〇〇分、つまり七時間近く人の身体を揉みしだいているのだが、新人はどう頑張っても二五〇分くらいで指に限界がくる。辛いわ稼げないわの厳しさで、ほとんどの人が一カ月ほどで辞めてしまうそうだ。

ちなみに心が折れて辞めてしまう人が多いのを見越してか、一年以内に辞めると研修費ウン万円を支払わねばならないという契約があるのだが、違約金を払ってでも辞める人も多いと聞く。なかなか過酷な仕事なのである。俺も禊期間という気持ちがなければすぐにでも逃げ出していたかもしれないが、映画『男たちの挽歌』の一シーンを思い出し、ここは一つ頑張ってみようと思った。この映画の一シーン、それは元マフィアのホーが刑務所を出所してから就職先を紹介され、赴いたタクシー会社で冷たい対応をされる。断られるのかと思いきや、社長に「前科者？　ここにいるのは皆前科者だ。俺は前科者を雇うのが好きなんだ。俺も前科者だからな」と言われるあのシーン、俺はこの時ホーさんの気分だった。この身の上では仕事をさせてもらえるだけでも有り難いし、何か得るものもあるかもしれない、頑張ってみよう、と。ただホーさんの職場と違うのは、この職場で前科者は当然俺くらいだろうということだ。

指に関しては二カ月もすればだいぶできてきて、それほど苦痛はなくなってくるのだが、やはり歩合制の厳しさはある。実質、この仕事は実はキャバクラやホストとあまり変わらないところがある。技術も大事だが、要は自分のお客さんを掴むことが最重要なのである。〝指名制度がある〟というのはやはりそういうことなのだ。

技術は多分三割程度、あとはいかに中高年に受ける接客をしてお客さんの心を掴むのか、という点に尽きる。普通に暮らしていたら気がつかないが、よくよく見るとこの手の店は世の中にもの凄く増えている。俺の住む戸越銀座だけで、恐らく一〇軒以上あるだろう。このマッサージ店戦国時代のご時勢、飛び込みのお客さんなんてほとんど当てにできないのだ。朝から晩まで一〇時間勤務してお客を揉んでる時間はたった三〇分、ということもザラなのだ。何たる時間の無駄！　日給にして四〇〇〇円……こうなるとマジで死にたくなってくる……。

ということで、仕事にはありついたもののワーキングプアーのど真ん中。今後どうやってマトモな生活を保つか、という課題が待ち受けていたのであった。

■仕事と息抜き（二〇一五年一一月二日）

世の中で、マッサージ店に行く人はどれくらいいるのだろうか。街にこれだけたくさんのそれ系の店があるということは、それだけ多いのだろうし需要があるのだろう。

あまり身体が凝ったりしない自分は、マッサージはリラクゼーションや一時的な娯楽のようなものかと思っていたし、ＥＮＡＫ（快楽）を提供するサービスであって、世の中に絶対に必要な仕事だとは思っていなかった。しかし働き始めて分かったのは、この世の中とにかく疲れている人が本当に多いし、こういう商売は結局のところ定期的に通う人によって成り立っているということだ。つまりマッサージなしには、まともに生活できない人達がたくさんいるということだ。ＥＮＡＫではなく回復、治療に近い。

毎週同じ人が、同じように身体をガッチガチに強張らせて来店する。肩こりがひどすぎて頭痛を訴える人や、「痛い！　痛い！」と声を上げながらマッサージの力に耐える人もいる。その時は全力でほぐしてあげるのだが、また一週間後ガッチガチになって来店する。基本的にこういった施術は一時的には楽にはなるが、根本治療ではないのである。

人々は日々の仕事で身体を疲弊させていく。もちろん生きていくためのお金を稼ぐために仕事をするわけだが、その仕事で受けたダメージを紛らわすために仕事で得たお金を使う。お金でダメージを紛らわせて仕事をして、お金を稼ぎ、ダメージを蓄積する。そして得たお金でまたダメージを紛らわす。自分で修理費を出しながら、またぶっ壊し続けるという永遠のループなのである。

「そんなダメージを受けるような仕事辞めちまえ！」と言ったところで生活していくためには「ハイ！　辞めた！」とはいかないわけだ。

マッサージをする側も、やはり身体にガタがきて他のマッサージ店に通ったりしているし、こうして経済と世の中が回っているのだと思うと、何とも言えない気持ちになってくる。

例えばその仕事が、自分がダメージを受けているのにも気付かないくらい面白すぎて、生き甲斐と言ってもいいほどのもので、しかもお金も稼げるのであれば、毎週毎週お金を払ってでも身体のメンテナンスをして次の仕事に向かうのも納得であるし、逆にそんなに面白くて夢中になれる仕事ができているのであれば、それも本望だし幸せだろうと思う。

しかしながら、うちの店はこの手の店にしては驚くほど値段が安い（もちろん給料もその分安い）庶民的なところで、決して裕福な人達が来るという感じではない。施術中の雑談も仕事の愚痴だったりする。多くの人達がやりたい仕事をしているわけではなく、生きるために大変な思いをしながら働いているのだ。そしてこうしたマッサージやら酒やパチンコや風俗、パーティーといった快楽、娯楽にお金を使うことで辛い仕事とのバランスを取ってどうにかこうにか生きている。仕事と息抜きの関係性がより明確に見えてきた。

そういえば自分はここ一〇年、仕事がつまらないとか嫌でたまらないという気持ちになったことはなかったなぁと思い返した。お金はあまりなかったけれど、仕事も遊びもあんまり区別がなかった。そう思うとだいぶ幸せだったのだろうと思う。

「そうか、こういうことか！」

アシパンをやっていた時、毎週末（ヘタすりゃ平日も）パーティーの場所を提供しその場に立ち会ってきたが、みんな普段の仕事でストレスがたまっていたのだ。だからあんなにもハジケて、盛り上がっていたんだなあ。デス山さんなど、理性までブッ飛んだパーティーピープルの顔が思い浮かんでくる。こんな気持ちを思い出したのは本当に久々だった。

今は俺も週に五日、朝から晩まで緑のポロシャツを着て中高年の身体を揉みしだいて真面目に働いている。まぁそれなりに興味があって自分で選んだし嫌いな仕事ではないが、いい歳して職場の先輩には怒られたりもするし、態度の悪い客にもやらないといけないし、指は痛いし、おまけに生活保護を受けた方が金が入るんじゃねえかと思うくらい給料は安いし、毎日超楽しいというわけでもなく、どっちかというと辛いことの方が多いし、「これが天職である」とか「生き甲斐だ」と言うには程遠い。まさにお金のために、生きるために時間を切り売りして働いているのだが、そうなると週に二日の休みの有り難さが身に沁みて分かる。

休日の夜、翌日の仕事を思うと憂鬱になってくるこの感覚。「寝て起きると仕事かよ！　今日が終わって欲しくねえなあ！」という感覚。日曜日の夜、テレビで『サザエさん』が始まると憂鬱な気持ちになってくるアレを、久々に思い出した。

特に好きなことができる時間は貴重だ。今の生活では音楽を作る時間も限られてくる。よく考えたら、好きな音楽を作ってお金をもらっていたのってスゲエことなんだなぁ。

だから休日に友達が飲みに誘ってくれるのは凄く嬉しいし、凄く楽しい。俺には家族がいないし、こういうことがあることで何とかやっていけるんだと思う。この状態で友達の誘いもなくなったとしたら、間違いなくノイローゼになるだろうな。自由に買い物できたり好きなものが食えること以外は、留置場の中も外もあんまり変わらねえんじゃねえかな、なんて思うこともある。

今まで娯楽産業は居・食・住とはあまり関係がなくて、生きていくには大して必要のない商売だと思っていたし、俺がやってることなんか世の中になくてもいいことじゃねぇか、なんて思っていたけれど、ああいう仕事は世の中に必要なんだと改めて思った。そして娯楽よりも、更に友達ってのは大事だなってことも本当に思うようになった。

しかも今は自粛中で、クラブやパーティーにも一切行かない生活をしているから、尚更ああいった場所の大事さを改めて感じる。この気持ちを忘れたらいけないし、ここでまたこういう気持ちを思い出したのは自分にとってはすごく良いことだと思っている。

ああ、時間にも金にも縛られない自由が欲しいよ！

甘ったれんじゃねえ、なんて思うかもしれないが、素直な気持ちでそう思う。

仕事の内容とか面白エピソードを書こうと思っていたが、思いの外ディープな話になってしまった。

■類は友を呼び、変人は変人を呼ぶ（二〇一五年一一月九日）

最近、〝愛され狂人〟という概念を思いついた。その人の行動や言動は明らかに普通の範疇からズレていて、一般的には残念な人と認識されているんだけど、愛されてるが故にオーケーな人を指す。有名人で言うと蛭子能収さんとか、上島竜兵さんとか。つまり、愛されていることでギリギリ社会的に許されてる、みたいな人達だ。

自分の周りにもそういう〝愛され狂人〟がたくさんいたなぁと思う今日この頃だが、とかくアシパンという店とその周りには多かった気がする。そういう磁場があった店なのかもしれない。中には残念ながら〝愛され狂人〟から〝愛され〟がなくなってしまい、ダークサイドへ消えていった人もいた。「類は友を呼ぶ」とも言うから、かく言う自分も〝愛され狂人界〟に片足を突っ込んでいるのかもしれないけど、せめて愛されがなくならないように生きていかなければならない。

というわけで、仕事の話に戻ろう。

とにかく自分は変わった人を引き寄せる磁力があるようで、それは今のマッサージ業をやっていてもどうやら変わらないようだ。〝愛され狂人〟とまではいかなくとも、自分のお客さんになる人は割と変わった人ばかりだ。

マッサージ業界は、ホストやキャバクラの世界と同じで、どれだけ自分にお客をつけるかが勝負だ、というのは前に書いたと思うけど、まさにその通り。飛び込みのお客がいない日だと、一〇時間勤務のうち三〇分しかお客さんの身体を揉んでないなんて日もあるわけで、こうなるとただただ長時間無駄な時間を過ごすことになり、いたたまれない気分になってくる。

なので、技術がある程度身についたら飛び込みの客に気に入ってもらって自分のお客にする、というのが安定してやっていくための第一歩なんだが、やはり合う合わないがあるので、これがなかなか難しい。まずは名刺を配るのが基本だが、俺の場合は本名で思いっきり報道されていることもあって、ネット検索なんかされた日にゃ一発であの事件の記録が出てくるわけで、そんなことじゃ却って客なんか付かないんじゃないかという心配もあり、しばらくの間どうするか考えあぐねていた。先輩には「名刺を配れ」と言われるが、こちとらそうもいかない事情があるのだ。

もちろん始めたばかりで技術もそれほどない。となると〝ババアやジジイを気持ちよくさせるトーク〟という部分でやっていくしかない。そしてこれはまさに「毒蝮さんが四九年もの間TBSラジオでやっていることじゃないか！」と思った。さすがに客をババアとかジジイ呼ばわりするのは毒蝮さんレベルの人間力じゃないとできないので、例えば「いやあ、これはヒドい。オバちゃん凝ってるねえ。あんまり肩が硬いから二倍料金もらうよ！」など、丁度いい温度のからかいをするとオバちゃん客が何人か指名してくれるようになった。

もちろんこういうのは通じる相手と通じない相手がいるから、相手が冗談が分かる人間か、ある程度砕けた人間かということを見抜く眼力が必要になってくる。人によっては話しかけられるのが嫌ということもあるだろうから、十分な見極めが必要なのだ。

それで何となく打ち解けて、今では毎週指名してくれるどころか、なぜだか「これ食べてね」とお菓子や炊き込みご飯を差し入れてくれたりするオバちゃんも出てきた。有り難い。

こうやってテクニックを駆使せずとも、見た目の感じや雰囲気からすぐに馬が合ってしまうという人達がいるのだが、それが全て変わっている人達だ。何人か紹介しよう。

まずはH君。彼は俺より少し若いくらいの髪の毛をちょんまげにした、ガタイのいい兄ちゃんである。

初来店時〝話が早そうなTシャツ〟を着ていたので、「あ、この人は普通の人じゃないな」と記憶に残っていた。その時は特に会話もせず施術時間が終了したのだが、偶然最寄りの駅で自転車に乗っている彼に出会った。「こんなとこで何しているんですか？」と尋ねたら、彼も俺のことを覚えていたらしく、近場でバーを経営していると教えてくれた。地方から出てきて、個人経営のバーを七年も続けているという。

これも一つの縁ということで、そのまま彼の店にお邪魔させてもらうと、そこはミュージシャンや、元暴走族で元ラッパーのラーメン屋主人みたいな面倒くさい地元の〝愛され狂人〟達が集う面白いところだった。「いや〜、実はこういうことがあってね」と全てを告白したところ、皆快く迎え入れてくれた。まったくケツの穴のでかい良い店である。その後あまりにも居心地がいいので、遊びに来た友達をちょくちょく連れて行ったりするお店になった。どんな状況であっても縁というものはあるのだなあ。謹慎生活もこういう場所があるおかげで悪くないかな、とちょっとだけ思わせてくれた。

次はちょっと見た目が派手な五〇代女性のWさん。この人は、俺が店でBGM代わりにかけていたインドネシアのプログレッシヴハウスのDJ　MIXのCDに反応してくれたことがきっかけになった。日本が景気が良くヒップホップやハウスミュージックが日本に輸入され、盛り上がりまくっていたクラブ黄金時代、芝浦GOLD全盛期にクラブ通いをしていた元夜遊び人で、今は健康オタク。我々からすると、クラブお客さん界の大パイセンで、旦那さんも現役ミュージシャンらしい。当時のクラブの要素、DJ業界なんかの話をよく聞かせてもらった。なのでこちらも洗いざらい話してみると、「私、医療大麻の解禁運動をやっているのよ」とオドロキの展開。縁とは全く不思議なものだ。俺はそういう運動に参加するような柄じゃないし、そういう覚悟もないんだけど、ツイッターでの啓蒙やパレードの企画などを見ると真剣に活動をしているので、気持ち的には応援はしている（だって解禁されたら、逮捕されたってのは貴重な体験になるし、ジジイになってから「お前は信じられないだろうが、俺の若い頃は何と大麻で逮捕される時代でな……」とか自慢できるし）。でも、まぁやっぱりどう考えても普通じゃないよな。

もう一人はSさん。俺と同い年。恐らく身長一八〇センチほど、体重は一〇〇キロ以上はあるだろう巨漢で、見るからにただ者ではない。以前からうちの系列店の会員だったらしいが、たまたまタイミングが合って俺が担当する日にやってきた。変な奴同士は勝手に惹かれ合うのか、この人も変わった人で、F1ブーム華やかなりし頃にレーシングチームで広報の仕事をやっていて、いわゆる業界の裏も表も見てきたそうだ。その後転職して商社で一〇年間ほど働いていて、重要なポストにいるらしい。クレーン車やブルドーザーなどの重機を海外に販売しているようで、彼が担当しているのが中東諸国、ドバイだのアラブだの、砂漠とかラクダとか油田とか内戦だとかの漠然としたイメージの国々を一年中飛び回っているそうだ。

「ドバイの王子を日本でアテンドしたことがある」とか「王族の家で歓待を受けたことがある」など面白い話が多い人ではあるのだが、特に衝撃だったのがイエメンの話。日本人にはほとんど馴染みのない国だが、中東情報通にはかなり変わった国として知られている。アラブ諸国には覚醒作用のある〝カート〟という植物があり、これはイスラム教でお酒が禁止されているアラブ諸国の嗜好品で、禁止にされている国もあるそうだが、イエメンという国では合法だそうだ。なので、ほとんどの成人男性は午前中しか仕事をせず、午後はカート・パーティーを開いて過ごすらしい。クズしかいない素晴らしい国だ。

大企業や政府の重要な会議もカートを嗜みながらだそうで、もうカートがないと何も始まらないレベルで国ごとカート中毒らしいのだ。たとえ違法にして警察が取り締まろうにも、警察も普通にカートを嗜んでいるのでそれも無理。イエメンに駐在して優れた外交官になるためには、カートに親しまなければならないとも言われているほどだそうだ。あまりにイエメン人がカートを好きすぎて、特産品のコーヒーや食糧作物の栽培をやめてひたすらカートの生産に勤しんでいるという話で、もちろん彼もイエメンに商談に行った時には付き合い上、おもてなしで出てくるカートをキメ続けなくてはならず、何が正常なのか異常なのかが全く分からなくなったという。

というわけで、ちょっと変わった者同士は勝手に惹かれ合うというのは本当なのだなと実感する謹慎生活の一幕であった。

■やりがいって何でしょう（二〇一五年一一月二〇日）

DJという、自分対複数でENAK（快楽）を提供してきた俺の今の仕事は、お客とタイマンでENAKを提供するマッサージ業である。マンツーマンだと技術の誤魔化しが利かないので、なかなかのプレッシャーもあるが、お客さんに「身体が軽くなった。楽になったよ、ありがとう」と言われれば素直に嬉しいし、この仕事のやりがいはここにあるんじゃないかとも思う（まだ半年だけど）。

とはいえ、揉んでる時間何分で幾らの歩合制なので新人のうちは全く稼げず、生活保護の方がもらえるんじゃねーの？ ぐらいの賃金なので、一生続けられるかと言ったらそこは正直厳しいかなと思ってはいるのだが……まあ、賃金のことはさて置き、ここでは仕事のやりがいというものについて考えてみたい。

今の世の中、若い人達が職業のやりがいを非常に重視する傾向があることを利用し、安い賃金でメチャクチャに働かせるという〝やりがい搾取〟をするようなブラック企業が問題になっていると聞くが、少々厳しい賃金であろうともやはり人間はやりがいがあれば我慢してしまうのだろう。つまりそれだけやりがいは、仕事をしていく上で重要なことなのだ。

では、具体的な仕事のやりがいとは一体何だろうか？ やりがいは賃金と直結している部分がもちろん大きいが、人が仕事を続ける上で賃金だけがその答えにはならないだろう。例えばサービス業においては、賃金以外の重要な要素として「自分の行いで人を幸せにすることができる」ということが大きいだろう。

よく企業ＣＭなどで使われる「お客様の笑顔がやりがいです」みたいなセリフは、「キレイごと言いやがって！」と思っていたのだが、あながち嘘ではないのだろう。笑顔もお礼も自分が何かしら幸せな状況になった時に出てくるものであり、そのサービスを提供されたことに対してお金を払った上で、更に言葉で感謝してくれているのだ。ここがサービス業のやりがいと言えるだろう。

例えばＤＪは一対多数である。もちろん駆け出しの頃は少人数相手にしかできないだろうし、俺もよくアシパンで営業後に親しいお客さんに残ってもらって、一対一のガチンコでＤＪを練習させてもらったりしていた。その場合、その一人のお客さんの嗜好、趣味、知識、雰囲気を徹底的に考えて選曲していく。うまく組み立てるとお客さんのテンションはグイグイと上がっていく。アゲすぎても途中で息切れしてしまうので、意図的に落としたり、でも飽きさせないような展開を心がける。一対一で完全に接待プレイをするという修業である。たった一人ですら楽しませることのできないＤＪは、多数を相手にすることなど絶対に不可能だ。ＤＪはサービス業なのだ。

現場でのプレイが認められていけば、より多人数を相手にする機会が増えていく。その場のお客さんの最大公約数の「今聞きたい曲」を探り当て、ハマった時のドーパミンの出方は凄いものがある。最大公約数で効果的な曲がかけられれば、ぶちアガった人が周囲に興奮を連鎖・波及して全体を盛り上げることもできる。音楽で幸せをコントロールするのだ。

そして多人数を相手にプレイすることによって〝人を幸せにする効率〟が良くなっていく。頑張って知名度を上げれば上げるだけブッキングが増えたり、更に多人数を相手にできるようになり、規模も大きくなりギャラも上がっていく。自分の成長が分かりやすく目に見える点は非常に面白いし、それがやりがいとなっていた。

効率という点で考えてみると、マッサージは一度に一人にしかＥＮＡＫを与えられないので、人を幸せにする効率は多人数を相手にするＤＪに比べるとあまり良くないと言えるだろう。もちろん本気でこの職業を極めると「短い時間でより効果を出す」とか「より技を磨いていって他人の施術とは違う唯一無二の存在になる」とか「独立して治療院を開く」などはあるだろうが、基本的に一対一である。

恐らく〝気〟とか〝念〟だとかそういうスピリチュアルな能力を身につければ、遠隔治療や一人で多人数に同時治療などができるようになるとは思うのだが、そこまで行くと神懸かってきてしまい、どうも現実感がない。自分の成長が客観的に感じられる点といえば「指名客が増える」ということくらいだと思う。ただ、DJは自分にとってのやりがいが凄かったために、マッサージ業はそれほど面白いとは思えないというのも正直なところ。

「法律を破って逮捕されてできなくなって、初めて分かった今までの仕事の幸せ！」

「何でもないようなことが幸せだったと思う！」

ラジオでのトークもそうで、喋りを電波に乗せて拡散させることで楽しむ人を増やせる。あれも人を幸せにする効率の良い仕事だったんだなあと思う。

きっとテレビに出ているお笑い芸人という職種の人達は、〝人を効率的に楽しませる〟ことの快楽に脳がヤラレちゃった人達なんだろう。あの人達はよく「昔から人を笑わせることが好きで……」と言うけど、「他人を揉みほぐすことが何よりも好きで……」という人は、いるにはいるのだろうけどレアだろうなあ。

まあ、とにかく俺は、ぶっちゃけると、賃金も安くてやりがいがそれほど感じられない仕事は辛いよね、という愚痴を書いている。生意気にも。前科者なのに。お情けで雇ってもらってるくせに。

だから、やりがいと賃金をもっと上げるために、例えばマッサージ業でも施術後にお客さんが値段をつけたりするお店があったら良いと思う。「気持ちよかった分、楽になった分、金額は払います」みたいなさ。旅館でも「宿泊料はお客さんが最後に決めて払ってください」みたいな、そういうシステムのところがあるとテレビで観たことがある。そこは最低五〇〇〇円で、一番多く払った人は二〇万円だったかな？　つまり同じサービスでも受け取る人によって価値は変わるんだよってことが言いたい。快楽の感受性が高い人というのは確実にいて、そういう人だったらお金を惜しまない可能性もあるから、自分で値段をつける制度は良いと思うんだけどなあ。

実際、毎週日曜日にやってくる三〇代前半くらいの現場系の兄ちゃん。「〇〇ッスよねー」という口調で喋る、極めて素直なこの人の気持ちいい時の口癖は、「うあー、超気分いい〜」だ。涅槃にトリップするかの如く満面の笑みでマッサージを堪能する彼は、「もうこのまま死んでもいいッスわ〜」とまで発言していた。

マッサージがいくら気持ち良くても、並の感受性の持ち主ならばなかなか「このまま死んでもいい」と思うことはないだろう（前立腺マッサージとかならあるのかもしれないが）。

恐らくこの兄ちゃんは確実に普通の人よりも快楽の感受性が高いし、死んでもいいと思うくらい気持ち良かったなら「一時間一万円です」って言っても喜んで払ってくれるのかもしれない。

要するにサービスというものは市場価値に引っ張られる部分もあるけれども、受け手の心情が価値を決める部分が大きいので、マスに対するアプローチよりもコアやニッチな層に対して……あれ？　書いててまとまらなくなってきたぞ。ああ、そうそう思い出した。この半年、俺はお客が来ない時は暇すぎてブックオフの一〇〇円棚の本を買ってきては暇つぶしに読みまくってるんだけど、読んでるのが自己啓発本と芸人の本とビジネス書とヤクザの本ばっかりで、そういう本ばっかり読んでると、こういうとりとめのないことを考えるようになるから気をつけろよな！　ってことだ。

■素晴らしいお客さん（二〇一五年一一月二四日）

お客さんが来ない時間はだいたいブックオフでまとめ買いしてきた本をバックヤードで読みながら待機しているのだが、時折ベテラン施術者とお客さんの会話が聞こえてくる。

ベテランともなると施術してる客の九割は指名客なので、当然顔見知り同士みたいな会話になる。こういった会話に耳を傾けていると、いわゆる普通の巷のオッちゃん、オバちゃん、爺さん婆さん達が何を考えているのか、何を話題にしているのかということがよく分かる。

それほどパターンはないのだが「近所の商店街のあの店がつぶれた」「今度あそこにできるのはファミリーマートらしい」などの商店街の話題や、家庭の話題（これはだいたい良い話よりも愚痴の方が多い）、旦那の悪口、子供の悩み、まぁ色々あるのだが、ある五、六〇代の夫人は施術ベッドに横たわるなり、老人介護の愚痴をずっと喋り続ける。話をざっと聞いた感じでは、三階建ての一軒家、飼い猫四匹、乾燥機つき洗濯機、応接間みたいなワードが出てくるので、きっと中流以上のお金持ちの夫人であろう。どうやら九五歳の義父が、もう何年も要介護状態らしい。とてつもない悪臭を放っていて家の中のものが臭う、洗濯機自体が臭くなる、病院でも必ず個室に入れられる、という義父の悪臭がどれだけ酷いかという話と、とにかく金がかかるという話で、それで疲れて相当なストレスがたまっているとのこと。「この歳になってからこんなに苦労するなんて。私の人生こんなはずじゃなかった！」と言い、しまいには「もう一刻も早く亡くなって欲しい。本気でそう思うわ！」と怒りを爆発させる。毎回同じ内容の話である。否応無く、この超高齢化社会の日本が抱える老人介護問題の生々しい話を聞くことになったりもする。

あと働いている人だと、仕事の話なんかも聞ける。清掃車に乗ってゴミ収集の仕事をしている五〇代の男性は、収集作業がどれだけ大変かということと、夏場はとにかくペットボトルのゴミが恐ろしく増えるけど、ゴミの仕分けをちゃんとやってない人が多くて俺達が苦労する。あとは、仕事行きたくねえ、辛い！　ということをしきりに訴えていた。

こうやって色んな仕事の色んな愚痴を聞けるのも貴重な体験ではある。そしてどの仕事も辛いもんだなぁ、と俺だけじゃないと安心したりもする。

そんな中、強烈なインパクトの人がいる。毎週決まって日曜日の朝から九〇分ほどみっちりマッサージを受けに来る中年男性だ。ずんぐりとした体形で、歳は恐らく四〇代後半。太い眉に濃い目鼻立ちで、黒々とした七三分けにポロシャツにスラックスという絵に描いたようなおじさんファッションである。

どうやらハゲ家系の人らしく「自分は若い頃から育毛をしていて、今ハゲてないから良かった」と自分を褒めている。施術している奴がハゲでなくて、本当に良かったと思う。しかし四〇前でハゲ上がってる俺がバックヤードでそんな話に聞き耳を立てているとも知らずに、更にオッサンは言う。「いやー、病気は遺伝しますからね、ガンとか高血圧とかも。いやあ本当に良かった」

ハゲを病気扱いしていてショックを受けた。というか、百歩譲って病気だとしたら、俺は病気だから社会福祉を受けるべきだと思うんだ。公共交通料金とか安くしてよ。おまけにチビでデブなんだから、もうこれは社会的に手厚く保障してもらわないと生きていけないじゃないか。重大疾病を三個も抱えてるんだから！

まぁ確かにハゲは、この世の中、病気扱いなのかもしれない。「ＡＧＡ（男性型脱毛症）」なんつって、医者がさもハゲは病気であるかのようにテレビでも宣伝しているし。でも俺から言わせれば、ハゲは自虐すれば軽く笑いが取れるし、一目でその人と分かる特徴になるし、好きな髪形にできないってだけで、別に苦労なんか何にもないんだがな。まぁ女の子にはモテないだろうけどね。少なくともハゲが原因で死んだ人はいない（……いや、超ナイーブで自分の美貌に自信を持っていた人がハゲを苦に自殺とかならあるかもしれないけど）。

とにかく二〇代で女にモテたい盛りでもあるまいし、四〇代後半の小太りのオッサンなんかハゲてようがハゲてまいが誰も気にしないし、たいして印象も変わんねえよ！　いい年こいたおっさんがハゲのことでゴチャゴチャ言ってんじゃねーよ！　どんだけハゲ見下してえんだよ！　と、俺もいい歳こいたオッサンとして、これからもハゲをバカにしたりしないことを固く誓ったのだった。だいたいハゲてるハゲてないとか、「僕は体毛が薄くて胸毛が生えない体質なんですよ」とかと同じだろう。

長くなってしまったが、このおじさんのハゲDIS話と俺のハゲの人権の話は実はどうでもいい。このおじさん、まるで洋画の吹き替え声優のような、低音の魅惑の中年ボイスを持っている。歌手で言うとフランク永井のような。よく銭湯でおじいさんが入浴時に「あぁ～」という声を上げているのを聞くが、このおじさんもマッサージを受けながら、例の低音ボイスで喘ぐのである。何と言うか昭和の日本映画の中のカラミのような、バーボンを片手に葉巻をくわえてバスローブで登場してから行為に及ぶような、めくるめく快感の濡れる一夜ってな感じを想像させる声なのだ。「……あァ……そう、そこ……」「ァあ……うぅ……」と、この声がバックヤードにいてもとにかく耳につき、想像したくもないのに、このおじさんのセックスシーンが脳裏に浮かんで妙な気分になってしまうのである。多分と言うか絶対にこの人、セックスでも同じトーンで喘いでいるんだろうと容易に想像がつく。

マッサージの快感が極まってくるとオーガズムに達したかのように「ぁア～！　そこ……素晴らしい……」と言うのだが、マッサージを受けて「素晴らしい」ってのはなかなかのものである。普段何かを褒めるのに「素晴らしい」という言葉はあまり使わないような気がする。その言葉が相応しいのは、例えば高尚な美術品を見た時、名演奏のクラシック音楽を聴いた時、豪華なフランス料理を堪能した後、みたいな場面だ。

はっ！　そうか！　昭和の匂いのするダンディな苦みばしった男の中の男は、女性との夜の営みでも、昨今の男のように自分で「イクー！」などとは言わないのだ。あくまでも高尚な美術品を見たかのように、名演奏のクラシック音楽を聴いたかのように、豪華なフランス料理を食べたかのように「あぁ……素晴らしい」と表現するのである。そう考えると何かカッコいい！　石原裕次郎とか加山雄三とかもセックスの時に「素晴らしい」って言いそうだもんね。

多分うちの店は千人くらいの会員がいると思うのだが、マッサージされている時に「素晴らしい！」と口に出す人はこの人しか知らない。しかしながら「素晴らしい！」を連発するのは、人に自分が喜んでいる気持ちを表す表現として、なかなか素晴らしいのではなかろうか。「いい！」って言うより遥かに良さが伝わるし、言われた人もいい気はしても、悪い気分にはならないだろう。

あまりにも素晴らしい言葉なので、自分でもメシを食った時とかに「素晴らしい」を使うようにしていた。そして俺も女性と暮らしているので夜の営みはある。で、ついついよせばいいのに事の最中に例の調子で「……素晴らしい」と言ってみたのだが、笑ってしまってそれどころではなくなり、その後気持ちが萎え中止。そのままセックスレスが三カ月も続いた。

やっぱり、似合わないことはしない方がいい。

■何を崇拝したらいいのか問題（二〇一五年一二月一一日）

多くの人には心の支えというものが必要で、その心の支えには、尊敬、崇拝、依存など様々な形があるが、どうやら尊敬に留めておくのが良さそうである。崇拝や依存に至ると〝運命共同体〟〝死なばもろとも〟的なニュアンスが漂ってきて、崇拝、依存対象が潰れると自分に及ぶダメージがとても大きくなる。

「毎週このマッサージの時間のために生きてる」なんてことを言ったオバちゃんがいたが、これはかなり大袈裟で誇張された表現であるとしても、では一体我々は何を心の拠り所として生きていけばいいのだろうか……ということで、とりとめのない話を書いていきたい。

崇拝と言えば、宗教なんてものは崇拝させてあげること自体を既に商売としている。神は永遠で万能だから永続性が保証されていて、一生崇拝状態でも全く問題ない。神様は死なないし引退もない。容姿も劣化しないし、言ってることもコロコロ変わらない。不祥事を起こして露出が減ることもない。だから永遠の安定性と崇拝状態の永続を約束してくれるということだ。

但し、生き神様系は死ぬから大変だ。日本の新興宗教の中でも、カリスマ系生き神様的な教祖を拠り所にした団体は、カリスマの死と共にだいたい内輪揉めが起きたり、分派したり、混乱状態になっている。この考え方でいくと、生きている人間、つまり現人神《あらひとがみ》を崇拝するよりも偶像を崇拝した方が良いわけだ。例えばイスラム教なんかは偶像崇拝すらも禁止して、絶対的な永続を保証してるのだと思う。だからこそ、あの色んな意味で屈強な精神力が保てるのかもしれない。

そして身近な偶像崇拝と言えば、アイドルだろう。俺は昔からアイドルに興味がない。というか、興味を持たないようにしていると言った方がいいかもしれない。アイドルとファンの関係は教祖（神）と信者の関係によく例えられるが、まさにその通りだと思う。

高校時代からの腐れ縁の友人が、ある時期一四歳の地下アイドルをすさまじく応援していた。もはや崇拝していた、と言ってもいいだろう。

アイドルを評する時に「○○はウンコなんかしない」というセリフが冗談交じりに言われることがあるが、アイドルは人間なので当然ウンコをするので、そんなわけはない。だがたとえ冗談だと分かっていてもそう思いたいくらい、そこには信仰心と言ってもいいような気持ちがある。

ある日、その子が突然の引退をした。不祥事があったかどうかまでは知らないが、彼はそのアイドルが引退した後、半年くらいまるで抜け殻のようになっていた。最近は善くも悪くも人間的な部分やダメな部分を隠さないアイドルもたくさんいるから、それを含めて分かった上での応援であったように思うが、それでもその喪失感は凄かったようで、ほとんど鬱状態だった気がする。いい歳をしたおっさんが。

奇妙なことに、彼はアイドルオタクであると共に妖怪、神社、仏閣といったもののマニアでもあるのだが、彼がそういったモノだけを全力で崇拝していればそういう状態にはならなかっただろう。俗なるものと聖なるもの、どちらにも魅力はあるが、俗なるものへの信仰心の方が勝ったようである。神社、仏閣などはそれこそ信仰の対象として作られたものであって、いくらでも崇拝してよいし問題がない存在なのだが、皮肉なことに神様も仏様も地下アイドルには叶わなかったようである。人間って生臭いもんだ。崇拝対象を失った喪失感、彼はまるで自分の信ずる神を失ったかのようであった。

アイドルは人間的にも未成熟な少女である。だから安定性はゼロに等しい。一生をかけるほどの崇拝対象としては、あまりにも頼りないような気がする。そして信者が信じていればいるほど、裏切られた時の落胆や怒りがすさまじいものとなる。アイドルや声優に少しでも男の影がチラつけば、週刊誌やワイドショーそしてネットニュースをかけめぐる。そして怒り、嘆くのだ。

俺はそういうニュースを見るたびに、少女に〝神様業〟とも言うようなカンペキな安定を求めるのは酷ではないか、と思ってしまう。いくらカンペキに繕ったとしても所詮は人間だから、その美も生命も有限であるし、いつか終わりがくる。

俺はアイドルという作り上げられた偶像である少女の発言や行動に、自分の精神状態を左右されるなんてバカバカしいと思ってしまい、どうしてもアイドルの応援には踏み切れないところがある。もちろんアイドルに文字通り元気をもらって生きている人がたくさんいることは知っているし、時にはそのパワーをうらやましく思うこともあるのだが、どうしてもそれに裏切られた時のことを思うとそうはなれない。精神的な支柱というのは人それぞれだから仕方がないとは思うが、俺は人間の偶像を崇めたりしないようにしたい。だから、俺が何かを崇拝するならば、揺るがないような崇拝対象を選びたいと思うのである。

揺るがない偶像と言えば、二次オタ系の人達が崇拝するもの、つまりアニメやイラストやCGは、人間と違って経年劣化することがない。そしてウンコもしない（ストーリーの中ではするかもしれないが）。そういう意味で、二次オタは安定した偶像崇拝をし続けることができるし、本当にそれらが精神的な支えとなっているのであれば、誰にも迷惑をかけない限り強固な信仰心を維持することができるし、大いに結構だと思う。新興宗教が世間から奇異の目で見られていることなどは周知の事実なので、そこも納得して応援している強さを感じる（そういえば友人のプリキュアおじさんは『プリキュア』を崇拝しているが、プリキュアは死ぬことがないし、不祥事も起こさないので安定した信仰を保つことが可能だな）。

信仰や崇拝、応援の対象として備える条件は、次の三つではないかと思う。

一、永続性があること。
二、搾取されないこと（ビジネスでないこと）。
三、邪悪でないこと。

一は、自分が対象を崇拝しているうちは消えない、失脚しないということ。

二は、信者やファンを搾取しないということ。崇拝することで自分の利益を損なったり、過剰に苦しめられたりするのであれば問題だ。

三は、社会に対して危害を加えない、反社会的性質を持たないこと。

余談だが『仮面ライダーV3』に出てきたライダーマンは、元々孤児だったところを世界征服を狙う悪の秘密結社デストロンに拾われ、教育され科学者として働いていた。しかしライバル幹部であるヨロイ元帥に陥れられ、その地位を失脚する。そしてライダーマンはデストロンが世界征服を狙う悪の秘密結社だと分かった時に、アイデンティティの喪失を起こしてしまう。結局、仮面ライダーV3と共闘する戦士となるのだが、ライダーマンのエピソードはそのアイデンティティの喪失と葛藤が主なテーマとなっていた。とにかくライダーマンは大変そうだった。信じていたモノが悪の秘密結社だったら……で言えば、あのオウム事件の後に残された信者達も大変だっただろう。

もちろんこれらの条件の前に、前提として「崇拝しよう」と思わせる魅力が不可欠ではある。これらに照らし合わせ、アイドルに関して考えてみると、まず一に関しては安定性はほぼない。見た目の魅力に依存する部分が大きいので劣化もしていく。二に関しては運営のやり方次第というところはあるが、ビジネスである以上収益を得るためにあこぎなことをする可能性はある。三に関してはほぼ心配はないが、昨今の地下アイドルのバックには……なんて話も聞いたことがあるから何とも言えない部分はある。

では二次元キャラクターはどうだろう。一に関しては問題がない。実体がないため、感情移入がしにくい面もあるが劣化しない。二に関しては、やはりビジネスなので、そういう部分もあるかもしれない。三に関しては、恐らくあまりない。

となると、アイドルよりも二次元キャラクターの方が崇拝対象として優れていることになる。

更に他のものはないかと考えると、ミュージシャンや芸術家はどうだろう。ほぼアイドルと同様だが、見た目の割合が若干低くなり、作品の劣化はしないので一が若干安定するが、薬物などで逮捕されてしまい活動が止まる可能性がある（これは自虐ネタ！）。二に関してはあまり問題がない。三に関しては、そのミュージシャン自身がヤバい宗教にハマっている可能性がある（もしかしたらショッカーやデストロンの一員かもしれない）。となると、人間はもう信用できないことになる。やはり神とか物が良いのだろう。

それから音楽ジャンルの崇拝もなかなか強固な信仰となり得る。更に布教の志もあれば、ちょっとやそっとのことで折れたりはしないだろう。

そうか、俺はアイドルに身を捧げるよりもファンコットに身を捧げていたわけだ。思い入れというのは恐ろしく、ツイッターで少しでもジャンルの悪口を見かけたら、そこに突っ込んでいくみたいなことを繰り返していた。まさに原理主義。過激派。そういうことでさんざん人に注意もされたし、喜んだり落ち込んだりが本当に激しかったと思う。まあ殉教したようなもんだけど……。

しかし何かにのめり込んでいる人間は非常に強いと同時に、それを理解し得ない人から見ると結構キモい、ということだけは忘れないでおきたい。

それなら人間と神との中間みたいなものはないのだろうかと考えた時に思いついたのが、王様である。日本で言えば天皇陛下を含む皇族ではないだろうか。

天皇は日本という国がある限りは代替わりを経て永続的に続いていくものであるし、国家がかりで情報を管理されているのでスキャンダルの心配もなく、失望させられることがない。搾取もしない。社会に反するような思想もない。過度に崇拝を表に出さなければ一般社会から変に思われることも少ない。更に見た目が可愛い皇族もいるから、アイドル的な要素もあるといえばある。というわけで、天皇陛下および皇族こそ日本人の崇拝対象として割とカンペキに近い存在なのではないかと思うに至ったのである。

どこかに心の拠り所を見つけて生きていきたいというタイプの日本人にとって、揺るがない崇拝対象としての皇族が、昔から今までちゃんと残っているということ、それ自体が皇室の存在意義なのではないだろうか。

段々と各方面から角が立ちそうな話題になってきたので、この辺でこの話はやめておこう。何しろ人の信じているモノに文句を言うことは「百害あって一利なし」だし、「どんなに仲が良くても野球と政治と宗教の話はするな」と昔から言われている。信仰、信条に触れることはその人のアイデンティティを傷つける可能性が高いし、人間関係においての地雷になるから本当に気をつけましょうという、手垢がついたような話にして、ここで締めたいと思う。

■中毒患者と生真面目なプッシャー（二〇一五年一二月一七日）

世の中は色々な快楽に満ち溢れている。

インドネシア語には、日本語で〝美味しい〟という意味の〝ＥＮＡＫ（エナック）〟という言葉がある。この話は何度もしているが、インドネシア人はこのＥＮＡＫという言葉を、単純に美味しいという意味だけで使ってはいない。メシを食った時、いい音楽を聴いた時、セックスをしている時、スポーツのナイスプレイを見た時など、幅広い場面で使用する。日本語で言うところの「（単純に）いい」とか「ヤバい！（肯定的意味での）」である。つまり快楽全般を指す言葉なのであろう。

そういう視点で考えると、日々の食事はもちろん、嗜好品と呼ばれるドラッグ、タバコ、酒、コーヒー、ラーメン二郎などから、性風俗といったもの。そして音楽、アイドル、アニメといったメディアを通じた快楽をひっくるめてＥＮＡＫと呼んでいいのではないだろうか。映画も、ド派手なアクション映画や娯楽映画と言われるモノはとりわけＥＮＡＫの範疇に入ると思う。

「『マッドマックス 怒りのデス・ロード』を一五回観た！」は中毒だ。しかし快楽には多かれ少なかれ中毒性がつきまとう。そして快楽性や中毒性が強いと思われるモノに対しては、しばしば「○○はドラッグ」という形容が為される。つまり一般的な認識として、ドラッグはＥＮＡＫと中毒性と危険性を兼ね備えている代表である。もっと言うと、この世の快楽には必ず中毒性や依存性、何らかの副作用があるのではないか。光あれば闇あり。表があれば裏もある。全ての物事は二面性があると考えていい。そうやって、人はＥＮＡＫに翻弄されている。ＥＮＡＫ中毒にやられ、時に抗いながら生きていると言ってもいい。しかし、人間はＥＮＡＫ

なしには生きられないことも事実なのである。

さて、現職のマッサージ業についてもＥＮＡＫ視点を、それも陰の視点から考えてみた。マッサージには程度の差はあれ、気持ち良さを求めてくる人がほとんどである。痛みやコリが尋常でないレベルの人も、マッサージを受けて楽になるという快楽を目的に来店するし、ちょっと疲れている程度の客も、疲労の解消を目的にやってくる。

俺が所属する店には、トップクラスの指名数を誇るスタッフのジイさんがいる。人懐こくお客に話しかけて一気に距離を詰める接客とパワフルな施術を武器に、キングの座をほしいままにしている。しかし彼の施術は相当痛いらしい。別の店舗で自分が担当した客から彼の噂を聞いた。

「〇〇さんの施術がやたら痛いのよ。もう二度と行かない」

毎週、彼と一緒に勤務する日があるので色々と観察しているのだが、彼の施術はお客さんに対して執拗に「ここ痛い？　痛すぎる？」と質問しながら行うスタイル。客が「痛い！」と答えると嬉しそうにし、「痛くない」と答えると更に力を込める。痛くないとダメであるかのようだ。そして客は「痛い！　痛い！」と言いながら、次回も彼を指名するのである。謎だ。彼の施術は痛いのに。しかし冷静に見ていると、彼の指名客は、わざわざお金を払って毎回痛い思いをしに来ているようにしか見えないのである。彼を指名する客は痛みを快楽に感じることができるマゾ体質なのであろうか。

毎週日曜日の朝に来る男性も、苦痛の声を上げながら一時間みっちりと施術を受けた後スッキリとした顔で帰り、次回も決まって指名する。施術に力強さを求める客には抜群の人気を誇っているのだ。

そういう俺の施術も割とパワフル系なので、やはりそういう施術が好きなお客さんがつくようになる。弱い力だと揉まれている感じがなく、満足感がないのだとあるお客さんは言う。しかし身体を実際に触ってみると、ガッチガチに硬い慢性的に辛そうな人もいれば、それほどコリが激しくない人もいる。あるお客さんは「週一度のマッサージを受けてる時間が、一番楽しみで幸せだ」と言う。オーバーな表現だが「マッサージのおかげで生きていける」なんてことも言ってくる。あのジイさんのお客さんもそうだが、このレベルになるともはや依存と言ってもいい。

俺は「それほどのものか？」と疑問に思いつつも、もちろんできる限りきっちりと揉みほぐして終わるので、満足はしてもらえているのだろう。感想を聞いてみると、「痛いけど、痛いのがいい」と言う。やはり施術の後にはスッキリするのだそうだ。しかし一週間もすればまたガチガチになって戻ってくる。根本治療ではないから、こういったことの繰り返しになってしまう。

人は常に健康でいたいと思うものだ。「健康のため」は魔法のワードである。輝かしい〝健康〟という大義名分のためなら、クソマズい健康食品でも辛い運動でも食事制限でもトレーニングでも我慢して、更にお金を払ってでもやるものである。健康というの名の下に、たいがいのことは商売になる。健康オタクという人種も世の中にはたくさんいて、「俺は健康のためなら死ねる！」というジョークも笑えない。

俺は毎週マッサージを受けに来る人達は、こうした健康オタクの人なのではないだろうかと思っていた。「健康のためなら、痛い足つぼ施術も我慢する！」という人達がたくさんいるのかと。しかしお客さんは完全に習慣化していて、実はこうした商売はほとんどがこういうお客さんを相手に成り立っていることが分かってきた。「この人達はマッサージ中毒なのではあるまいか？」と。そこで「マッサージ　中毒」で検索をしてみると、案の定「マッサージ中毒にご注意を」という警鐘を鳴らすページを発見した。やっぱりあったのか、マッサージ中毒！

では一体マッサージ中毒とはどんなものなのか。マッサージの気持ち良さとは、基本的に痛みを受けた後の開放感である。強い刺激を受ける↓解放されるの繰り返しで、感覚的には「気持ちいい！　ほぐれた！」と思っても、実は体（筋肉）は硬く強張ってしまう。筋肉が硬く強張ってくるので頻繁にマッサージに行うと、以前より更に強く揉んでもらわないと効いた気がしなくなる↓通う回数や頻度も増える。というのがマッサージ中毒の症状だそうだ。

筋肉が硬くなると、今までの強さの揉み方では物足りなくなるだけでなく、硬くなった筋肉の中の血管も圧迫されてしまい、血行が悪くなり、腰痛や肩こりはもちろん、他の症状が出たり痺れにまで悪化してしまうこともあるらしい。……これ、すげーヤバいじゃないか。そう考えると毎週来る人達は完全に中毒患者じゃないか。

しかし、こういうことを書いているのが、いわゆる国家資格持ちの整骨院の先生だったり、力の強さに頼らない流派の先生だったりする。つまりは、無免許マッサージ店の弊害としてマッサージ中毒に警鐘を鳴らすことによって、知識を持たない無免許者の施術は危険ですから、きちんと国家資格を取った私達のようなドクターが重要ですよ！　とか、力押しはしないウチの流派が良いですよ！　ということを主張しているのである。

世の中、光あれば闇ありで、良いとされているものには必ずカウンターの意見があり、それが社会正義のためではなく、企業の利潤追求のためのプロパガンダに使われていることはたくさんあるだろうから、これも話半分で聞いておくべきなのかもしれない。がしかし、この文章を読んだ俺は穏やかな気分ではなくなった。元来、俺はカウンターの意見に影響されやすい人間だ。急に自分がヤミ施術をして、客を中毒にしている悪徳マッサージ業者の片棒を担いでる気分になってしまった。今となっては、あのお客さんに親しまれ尊敬されてる達人のジイさん施術者が、笑いながら強烈な指圧で客を中毒にして自分の元から離れられなくしてしまう悪魔のマッサージ師にしか見えなくなってしまった。

これじゃ、まるで客を中毒にして長期的に金をむしり取ろうとするドラッグの売人じゃないか！　マッサージはドラッグだ！　そしてマッサージ師は文字通り〝プッシャー（押す人、麻薬の売人を指すスラング）〟だ！　と、客をこちらに依存させて商売するというあり方に疑問を持ってしまい、色々とやる気がなくなってしまったのだが、世の中のほとんどの業種がそうやって商売をしているような気もする。

そういえば、アシパンの名物客だった泥団子食べ太郎は「アシパンはドラッグですよ！」と言っていたっけ。じゃあ俺も似たようなことを一〇年くらいもやってきたわけだ。そういう意味では多かれ少なかれサービス業と言うものは、お客さんやファンに対して依存させる状態を作り出すことなのかもしれない。

世の中、知らず知らずにドラッグ的な要素のある何かを、良かれと思って扱っている〝生真面目なプッシャー〟みたいな人達がたくさんいるのかもしれない。

■女は愛嬌、男はもっと愛嬌（二〇一五年一二月二二日）

自分は長いことクラブ業界に身を置いていたので、本当に様々な人達に出会ってきた。まずはナード（文化系／オタク）なシーンから始まり、今では割とビッとした人達とも交流を持つようになった。俺は長らく、男というものはナードとバギー（心にバギーパンツを履いた人達の意／不良／マイルドヤンキー／クラスでイケてた人達を指す造語）に分かれていると信じていたのだが、おじさんになるにつれ（自分が童貞を捨てて一〇年くらい経過したことで）あまりそういった部分に執着する気持ちが不思議となくなった。モテるとかモテないとか、生涯セックスの回数とか、童貞期間の長さなどがどうでもよくなってきたのだろう。

随分前のことになるが、ミクシィ華やかなりし頃、モテ・非モテの話で宇多丸さんと日記のコメントのつけ合いをしていたことがあった。

「非モテの良いところは、同じ非モテの気持ちが分かるということだけだ！　それ以外はモテの全勝！　非モテが勝てるところなし！」という結論になった気がする。で、なぜかその勢いで宇多丸さんとDA PUMPのミクシィコミュニティを作ったのも今となってはいい思い出だ。そんな懐かしい自分内モテ・非モテ戦争時代も、もう一〇年以上前の話。時の流れは早く、今や俺も立派な前科おじさん（志村けんの「変なおじさん」の発音で）である。

俺は常日頃、ＤＪやＭＣはサービス業であり芸人といった類の商売だと思っているのだが、この世界に長くいることで、モテ・非モテのようなナードとバギー属性とは別の尺度で人を判断できるようになった。

特にヒップホップやレゲエといったジャンルでそれは顕著に表れると思うのだが、その人物が何を重んじて行動するのかということで判断すると、大抵は〝度胸タイプ〟と〝愛嬌タイプ〟に分かれるのではないかと思う。もちろん愛嬌成分多めの度胸タイプとか、ハイブリッドタイプも存在するのだが、基本的にはこの二つが主軸になっている。「男は度胸、女は愛嬌」と言ったりもするが、実際のところ度胸ではなく愛嬌を武器に世を渡っている男もたくさんいるのだ。

まずは度胸タイプ。度胸タイプは、任侠タイプと言ってもいいかもしれない。ナードかバギーかでいうと、バギーなタイプに近い。ここ数年、自分が仲良くなるのはこういった人達が多い。とにかく〝熱さ〟を持っていて、いわゆるビッとしたところを重んじるタイプなのだが、総じて不良出身の奴が多い。ＭＣで言えば「いかに自分がビッとしているか」「自分の考えを曲げない」「仲間を大切にする」「俺の生き様」「過去のやんちゃから学べ」みたいなテーマを歌うタイプが多い。表現に〝面白さ〟はあまり持ち込まない。恐らくこのタイプが言われて一番嬉しい言葉は「カッコいい」「男らしい」である。

芸人というよりアーティストとしてのスタンスが強く、とにかくメンツというものを大事にして生きているので、ナメられることに対しては烈火のごとく怒りをぶつける。基本的に度胸で世の中を渡っているため、しばしば同じ度胸タイプの人間と衝突をすることも多く、クラブでよく揉め事を起こしたりケンカをしたりするのはこのタイプだ。アイドルのような華美でチャラチャラした世界や、ポップでメジャーな世界を極端に嫌い、作品の中でもしばしばそういったものをディスっている。

普通の人から見ると怖いという印象を与えがちだが、上下関係もしっかりしていて友情や義理仁義に厚く、感情表現がストレートで裏表がないので、逆鱗に触れないように気をつければ付き合いやすい人達である（ただそれぞれのグループの上下関係に組み込まれると、若手時代は凄く大変なのだが……）。中年にもなると「これを言うと相手が怒るだろうな」とか「失礼になるだろうな」といったことが分かるので、彼らの見た目のいかつさに怯えることなくコミュニケーションをとることができるようになる。ただ度胸レベルが度を超している人は、常に上下関係で人を見てくる部分があるので怖いこともある。

昔、横浜でやったハードコアなヒップホップイベントに行った時、明らかに歳上でビッとしている人から「どこから来たの？」と聞かれ、「東京です」と答えたら、急に態度が豹変し威圧的に「東京ねえ……東京ってどうなのよ？」と絡まれそうになったことがあった。「地元最高！」という属性も度胸タイプの人に多く見られるポイントである。こちらが失礼にあたると思ってなくても、突然理不尽な怒りを買ってしまう地雷ポイントがあるので、そこには気をつけないといけないが、どこに地雷があるのか分からないのでここは困ったところでもある。

それから留置場の中で出会ったタイプもやはり度胸タイプが多かった。そりゃあ法律を破ることを恐れず違法行為を貫く人達は度胸タイプ以外の何者でもないので、当然と言えば当然である。

彼らが嫌うタイプはビッとしていない奴なので、軟弱に見えるヤサ男とかアイドル然とした気取り屋タイプに対して、見下したり敵対心を見せることが多い。

度胸タイプのアーティストにはもちろん度胸タイプのファンがつくから、彼らのパーティーなどは全体的に度胸色が強くなる。長渕剛や矢沢永吉のファンを見れば分かるだろう。愛嬌タイプから見ると、彼らのビッとしているところはカッコよく見えるので、憧れの対象にもなったりする。自分がギャングスタラップやアウトローカルチャーに興味があるのは、こういう憧れの気持ちが強いからだ。

次に愛嬌タイプについて考えていこう。世に言うおもしろおじさん、並びにおもしろおじさん予備軍の人達がこのタイプだ。自分も確実にここに属すると思うのだが、愛嬌タイプであるからこそ度胸タイプの人達とも仲良くできるのだろうなと思うことは多い。留置場の中でもそれなりにうまく立ち回ることができたのも、愛嬌あってのことだと今では思う。相手の失礼にならずにヘラヘラとしていることが、一番の平和だと分かっているのだ。

恐らく世の中には楽しいことや面白いことが嫌いという人間はいないので、カッコつけることを諦めて愛嬌道に徹していけば基本的にうまくやっていける。なのでコミュニケーションの場面で相手から怒りを買うことはほとんどないのだが、留置場生活中に自分のイビキがうるさすぎて若いヤクザに詰め寄られたりもしたので、愛嬌道でやっていても思わぬ地雷を踏むこともあるのだが、それはもうどうしようもない。

基本「ビッとしてるな」「カッコいいな」とか「男らしいな」と思われたいという気持ちがあまりない。メンツよりもその場の楽しさを重視し、揉め事を起こさないよう意識しているので、意地を張る必要がなく、度胸タイプと競合したり彼らの脅威的存在となったりすることがないので、割とどのタイプともうまくやっていけることが多いだろう。

愛嬌タイプは、普段の生活では意地を張ったり争いに発展したりはしにくいが、かと言ってプライドや上下関係といったものが全くないわけではない。その分〝面白くあること〟には徹底的にこだわるし、厳しい面がある。だから愛嬌タイプのグループの中では結構〝かわいがり〟に近いことも行われる。いわゆる無茶振りというヤツである。

飲み会などでの愛嬌集団の上下関係は、先輩から後輩への無茶振りという形で表面化することが多い。愛嬌タイプは〝面白さ〟という絶対的な掟に逆らうことはできない。度胸タイプの飲み会では、〝男気〟や〝気合〟を見せるためのお酒の一気飲みなどがよく見られるが、愛嬌タイプの宴会では、下の人間はぽん酢を飲まされたりする。なぜって？　それは飲んだ方が盛り上がるし、そっちの方が面白いから。ヘタすると腕力に訴えない分、愛嬌集団のそういう部分は厳しいのかもしれない。アシパンの若手が、よく年上チームに無茶振りで何かさせられていたのもそのせいだ。そういう意味では度胸界でも愛嬌界でも男が男として生きていく以上、厳しい上下関係からは逃げられないのである。男はつらいよ……。

更に任侠道ならぬ愛嬌道を極め、ある意味〝極道〟となり、〝ひょっとこ〟や〝太鼓持ち〟と呼ばれるレベルになってくると、度胸系の人達に好かれすぎて「いつもコイツを傍に置いておきたい」と思われるようになり、地方に呼ばれて飲み会に行くだけで、特にパフォーマンスやライブをすることもなくギャラがもらえるという、「果たしてそれが仕事なのか!?」と思われるような仕事も得られるようである。世の中には、飲み会に行って一緒に飲むだけでお金がもらえる仕事があるのだ。しかも度胸タイプのヒエラルキー外に位置しているため、気合を見せるための一気飲みパフォーマンスなども強いられにくい。自分の周りだと、一緒に『LET'sGO! シャンパンマン』を作ったレゲエ DEEJAY の CHOPSTICK さんが完全にそのレベルに達している。

そういえば愛嬌タイプのこんな話を聞いたことがある。

結婚してから長らく奥さんと別居しているという、あるタレントさん。ある日、奥さんと一緒に暮らしていた娘さんがシンガーとしてデビューすることが決まり、二人は報告がてら驚かせてやろうとアポなしで彼の住む家を訪れたという。しかしその時、運悪く浮気の真っ最中で、自分の家に女性をあげ、しかも女性がシャワーを浴びている時だった。当然、奥さんと娘さんが玄関のチャイムを押しても彼はなかなか出てこない。業を煮やした奥さんは合鍵を使って玄関のドアを開けることにした。すると慌てて彼が出てきた。しかし女性がシャワーを浴びている最中に突然玄関を開けられたので、彼はいつバレるかと気が気でない。玄関には明らかに女性物の靴も置いてある。奥さんはピンと来て、「この靴は誰の？」と聞いたが、彼は「友達の忘れ物で……」と苦しい言い訳。「娘のデビュー報告をしに来たの。せっかくだから奥で話しましょう」と奥さんが言うも、廊下の壁に手をついて奥さんと娘さんを通すまいと超不自然な通せんぼをする。奥からは明らかに誰かがシャワーを浴びている音もしている。そこで奥さんが問い詰めると超狼狽しつつ、とってつけたような言い訳で、決して浮気を認めようとしない。でもそれを見た娘さんは、その狼狽する動きと表情があまりにも面白かったため、つい怒りを忘れてしまい、というか諦めにも似た気持ちになり、「この人は愉快でみんなに愛される、こういう人なんだ」と、むしろ愛おしい気持ちになって、浮気をとがめることなく帰っていったという。

テレビで聞いた話なので細部は間違っているかもしれないが、こんな話だ。つまり愛嬌さえあれば、超級の修羅場ですら許される可能性があるのだ。ここで突然彼が度胸タイプよろしく、いきなり奥さんをぶん殴る等の行動に出たとしたら、事態は悪化の一途をたどったであろう。

だから腕っ節やルックスに自信のない男が現代社会を無事に生き抜くために必要なのは愛嬌であり、古くはクレイジーキャッツの植木等、今では平成の無責任男の高田純次、そして生ける伝説、毒蝮三太夫に代表されるおもしろおじさんの系譜がそれを表している。世の中をそれなりに自由に楽しく渡りたいのであれば、任侠渡世でなく、愛嬌渡世の道を行け！ 男たるもの愛嬌を磨くべし！ 女は愛嬌、男はもっと愛嬌である。

ちなみに度胸集団の中にも愛嬌担当というのが必ずいる、というのも最近気付いた話で、愛嬌活動をしているとそういう人からだんだん友達になっていくということにも気付いた今日この頃である。ユーモアと愛嬌でシノギする〝広域指定愛嬌集団〟が、全国で立ち上がるのも時間の問題だろう。

■〝いいこと〟って何だろう？（二〇一六年一月一四日）

元日にふと思い立って銭湯に行ってみた。銭湯はよく行くので、いつもよりは混んでるだろうなぐらいの気持ちで行ったのだが、当たり前というかやはりというか、昼間から信じられないくらいの多くの入浴客で賑わっていた。脱衣場のロッカーの空きすらも待たなければならない状態で、裸のオッサンは所在なくウロウロ。やっと浴場に入れても、子供はギャーギャー騒いでいるし、露天風呂では地元の若い奴らが「昨日は何時間ぶっ続けで酒を飲んだぜ」という自慢話をしているし、普段の静かな様子を知ってる自分としては「元日から銭湯なんて来るもんじゃないなー」とつくづく思ってしまった。

仕方なく早々に風呂から上がり、女湯に入っていた彼女と合流して「すげー混んでたねー」と当たり前の感想を話すと、彼女は「子供の考える〝いいこと〟って、基本くだらないよね〜」と話し始めた。

子供連れで来ていた客がいたらしい。脱衣場で、テンションの上がった子供が突然「いいこと思いついた！」と叫び、次の瞬間、着替えやお風呂セットを入れるビニールバッグをお尻にあてがい、ブンブン腰を振りながら踊りだしたという。他の子供達はそれを見て大爆笑し、一緒に踊りだす。それを見た親達はイラついてブチキレるという光景が繰り広げられていたという。

それを聞いて、確かに子供の頃はよく友達と遊んでいる時に「いいこと思いついた！」とか「いいこと考えた！」と言っていたことを思い出した。それと同時にその〝いいこと〟というのが一〇〇パーセントくだらないことだったということも。

子供の考える〝いいこと〟は本当にくだらない。水に泥を溶かしてコーヒー牛乳だと言い張ったり、セミに紐をつけて飛ばしてみたり、カマキリ同士を戦わせたり、チャリで川を横断してみたり、基本的には大人が眉をひそめて「やめなさい！」と怒るようなことばかりである。子供の考える〝いいこと〟は、どちらかというと〝悪いこと〟である。「いいこと思いついた！」と言って、突然町を掃除したり、老人を労ったり、募金をしたり、という子供は見たこともないし、身に覚えもない。つまり子供が仲間同士で思いついたその〝いいこと〟とは、物事の善ではなく、面白いこと、楽しいことなのである。

逆に子供に対して大人が押し付ける〝いいこと〟とは、ラジオ体操だったり早寝早起きだったり予習復習だったりするんだから、子供はたまったもんじゃない。それらは全部、俺が子供の時に大人に言われてダルいと思いながらやらされてきたことだ。

大人になってから「いいこと考えた！」とか「いいこと思いついた！」とはなかなか言わな

くなったし、周りにそんなことを言う人もそれほどいないように思う。大人は面白いことや楽しいことが頭に浮かびにくくなっていて、仮に思いついたとしても「そんなことはくだらなくて価値がない」と思い込んでしまうのだろう。中には「くだらないこと思いついたんだけど……」と言う人がいる。概してその話は面白かったりするものであるが、当人も〝いいこと〟とは言わない。大人は面白くても実利益を生まない〝いいこと〟は、〝くだらないこと〟として認識し、表現するようになるのである。

子供にとっての〝いいこと〟は大人にとっての〝くだらないこと〟であるのはだいたい予想がついたのだが、では大人にとっての〝いいこと〟とは何だろう？　いわゆる奉仕活動、募金、慈善活動などだろうか？　それだけではないと俺は思う。

例えば大人同士が深夜、クラブやバーで飲んでいるとする。一人が「それじゃあそろそろ奥で〝いいこと〟しましょうよ」と言ったらどう思うだろうか。きっと「何か楽しいことがある」と思いこそすれ、恵まれない子供達への募金活動や地域清掃をするとは誰も思わないだろう。とはいえ、ビニールバッグをお尻にあてがって腰をフリフリ振るということでもないことは分かる。

その〝いいこと〟は楽しいことだとしても、どちらかと言えばそれは〝悪いこと〟の範疇に収まるような気がするし、実際「それじゃあ、そろそろ奥で〝悪いこと〟しましょうよ」と言われたとしても、その後にすることは〝いいこと〟と全く同じだろうことは予想がつく。そこには不純な性行為とか、もしくは違法薬物の摂取を匂わせる、いかにもイカガワシい何かがあるという気がするではないか。

こういう場合の大人の〝いいこと〟は、「面白いこと」「楽しいこと」「気持ちいいこと」のいずれかを指す（ある意味では、セックスもドラッグもくだらないことと言えるのかもしれないが）。子供のような無邪気なバカバカしさはなく、どこかアンモラルで当事者以外は眉をひそめてしまう何かがある。

例えば三人でクラブで飲んでいるとしよう。「これから我々、いいことしに行きますので」と二人がその場を去ってしまったら、きっと残された一人は「あいつら俺を差し置いていいことしに行きやがった！」と怒るだろう。「あいつらはこれからいいことをしに行くのか。とても感心だ。素晴らしいことだ」とは決して思わない。〝いいこと〟の本質を突き詰めると〝いいこと〟とは、他者から見てくだらないと思われようが迷惑だと言われようが、あくまでも当事者にとって都合が良く、楽しいものなのである。

そう考えると、〝いいこと〟というのはあくまでも自分（と仲間）にとって都合が良いことであり、一般的に言う〝善行〟とは関係ないのだ。人間というのは身勝手なもので、快楽原則に則っている生き物だということがよく分かる。〝いいこと〟はあくまでも自分のためになること、自分の身内のためになること、面白いこと、楽しいことである。他者のことなどどうでもよい場合が多い。恋愛における〝いい人〟は〝都合のいい人〟というのにちょっと近い。

では、世間的に〝いいこと〟とされていることは何だろう。

「一人の歌手がいる。その歌手は日本でアイドル的人気を経て成功し、慈善活動に乗り出す」

ここまではいいこと。

「その女性歌手はボランティア団体の募金で集めた金を横領して、贅沢な暮らしをしている」これは悪いことだ。犯罪行為でもある。だが、横領をせず、彼女が精神的な自己満足のためだけに慈善活動をしているとしたらどうだろう?

「イヒヒヒヒ! バカな大衆共から素晴らしい人間だと思われて超気持ちいいわ! 金や贅沢な生活なんかより、私は心の満足が欲しいの。表向きはアフリカの飢えたクソガキを助けるなんてことを言っているけど、本当はただの私の自己満足のためよ!」と夜な夜な一人悦楽の境地に浸っていても、世間に公表しなければ「あの人は本当に素晴らしい人ね。お金ももらわないで慈善活動するんだもの」という〃いい人〃評価を受けるだろう。

仮にこの歌手が「私の慈善活動は、私の精神的な自己満足のためだけにやっています。お金は全部アフリカに送っていますけどね。生活は歌が売れてるから安定してるし」と宣言したら気分を害す人がいるだろうか? 多分いるだろう。犯罪行為ではないにせよ、それでもその姿勢が問われて、恐らく「何となく気分は悪いけど、誰にも迷惑をかけてねーから別にいいだろ」派と「動機が不純だ、そんな気持ちでボランティア活動をするなんてけしからん!」派に分かれるはずである。「果たしてこれはいいこと? 悪いこと?」と物議を醸すかもしれない。こうなると難しくなってくる。実際に人が助かっているけど、その歌手は悪印象を抱かれてしまうのだ。誰にも迷惑をかけていないのに。

このように、世間での〃いいこと〃と〃悪いこと〃に対する評価というのは、犯罪行為のようなエクストリームな場合を除いて、それにまつわる情報を知っているか知らないかで変わるし、心象次第でも変わるだろうし、それを容認するしないというのもあり、つまりは個人で見解がバラバラなのである。世間での〝いいこと〟と〝悪いこと〟の判断は、このように不安定なものなのだ。だから目に見える形で「ここまでやるとアウトだよ」という最低ラインの決まり事として法律がある。

では、そんな世の中で我々はいかにして生きていけばよいのだろうか？

犯罪とされる行為はアウトだとしても、やはり「よそ様に迷惑をかけない、反感を買わない」ようにし、良くも悪くも〝いいこと〟をしていれば波風立てずに生きていけるのだろう。だから前述のビニールバッグをお尻にあてがって腰を振って踊る子供が、たとえ法律に反してなくとも、その時に他人様に迷惑をかけていたら〝悪いこと〟をしていることになる。

子供は他人に反感を買ったり迷惑をかけるというデッドラインが見えないから注意されてしまうのだが、しかしそうやって世間のルールを学んでいくのだ。つまり、大人になるということは、他人様に迷惑をかけないという術を無意識に身につけた人間になることであると言っていいだろう。それが世を生きる術である。ということは、つまりは子供の知らないところでいつでも大人は他人に迷惑をかけないようにこっそりと〝いいこと〟をしているのだ。

皆さんどこかで僕を見かけたら、大人にとっての〝いいこと〟（合法の範囲内で）に誘ってください。

第三章　反省の色

■DJ JET BARON復活の日

二〇一六年三月二六日、ついにその日がやってきた。DJ活動再開の日だ。

場所は東京・新木場にある日本最大級のクラブ「ageHa」。サブステージの「ISLAND」とはいえ、復活の日をこんな大舞台で迎えられるとは。その舞台はキングオブ下町パーティー「下町ブギー」で、ミュージシャンのCHOPSITCKさんが年二回主催している大きなレゲエの音楽イベントだ。

逮捕前に『LET's GO! シャンパンマン』やアルバム『ENAK DEALER』に参加していただいたCHOPさん。活動自粛中は公私に渡って何かと相談に乗ってもらい、制作も一緒に続けてきたのだが、今回こうして復活の第一弾として自らのビッグイベントに誘ってくれたのだった。逮捕されてからちょうど一年になる二〇一六年三月三日、ツイッターで復活宣言をした。

「お久しぶりです。高野政所です。あの日より、本日でちょうど一年となりました。長いようで短く、まさに自業自得の一年間でしたが、この日より活動再開させて頂きます。三月二六日下町ブギー@新木場ageHa　どうぞよろしくお願い致します！」

同時にイベントのフライヤー画像を添付した。逮捕された時とは違い、Yahoo! ニュースのトップに取り上げられることは当然なかったので、ひっそりとした復活宣言になった。悪事は千里を走ったが、復活報は百里も走らない。それでも〝リツイート〟が九五六、〝いいね〟は六八八ほどの反応はあった。SNSは感情すらも数字で可視化してしまうので、便利だがある意味恐ろしい。もし〝いいね〟が一〇しかつかなかったら、活動再開宣言をその場で撤回し「もう一年謹慎します」とすぐツイートしたかもしれない。CHOPさんは謹慎中に「何を言っても何をやっても半分は敵、半分は味方ですよ」と言ってくれたのだが、その言葉通りだと思った。告知をしてすぐ、LINEには仲間達から「待ってたよ！」「イベント行きます！」のメッセージがたくさん飛び込んできた。とても嬉しかったが、この時点では現場に戻るという実感は湧いてこなかった。

あの日からの一年間、クラブやパーティーの類には一切足を運んでいなかった。音楽も爆音で聴いていない。DJ機材には、この一年全く触れていない。一年前はDOMMUNEの宇川直宏さんに「政ちゃんのDJは精霊が降りてる！」と褒めてもらえたが、その精霊達も今はどこかへ消え去っただろうし、フロアリーディングの勘も鈍り切っているだろう。果たして一年間待ってくれていた人達を満足させるプレイができるのだろうか。期待を裏切りはしないだろうか。そんなことを思いながら自宅で軽く練習をし、一年間作り溜めてきたトラックをUSBメモリーに読み込み、緊張と不安の入り混じる中、現場に向かった。

ageHaでプレイするのは初めてではなかったが、会場に足を踏み入れた瞬間、身の引き締まる思いがした。一年ぶりに聴いたクラブの音はとてつもなくデカく、そして気持ちが良かった。その時にやっと、現場に帰ってきた実感が少し湧いてきた。

自分の出番の前にCHOPさんのライブショーケースがあり、そこでCHOPさんは俺をステージに呼び出してくれた。少しだけ緊張しつつステージに上がってフロアを見下ろすと、そこには一年前によく見ていた光景が広がっていた。満員のフロアから歓声が上がる。CHOPさんから紹介があり、『LET's GO! シャンパンマン』のイントロが流れ始める。アドレナリンが脳から溢れ、一気に興奮状態になる。「いろいろあったけど、ついにパーティーに帰ってきたぜ!」と言わんばかりに、シャンパンマンの振り付けをキメる。ヤバい盛り上がりだ。待っててくれた人達はこんなにいたんだ! 時間にしたら三分か四分くらいのことだったが、大熱狂の中でCHOPさんと固く握手を交わしてステージを降りた。

自分の出番まではまだ時間があったのでフロアに降りていくと、一年ぶりに会う人達が次々と「復帰おめでとう!」「待ってたよ!」「お勤めご苦労様でした!(笑)」と声をかけてくれた。「おいおい、刑務所に入ってたわけじゃないって。大したことじゃねえよ!」と強がりながらも、出会う顔出会う顔が懐かしく、いちいち嬉しかった。そして少なくともここまで足を運んでくれている人達は、俺の復帰を歓迎してくれているはずだと思うと心強かった。

後輩のファンコットDJ、yo-changがフロアを順調に温める。そしていよいよ自分の出番となった。ラッパーの丸省と抹を金角・銀角の如く左右にサイドMCとして立たせ、プレイボタンを押す。フロアにFUNKY BEATとカウベルとベースが爆音で流れ始め、ド派手なリードシンセが唸りを上げ、狂気を孕んだサンプリングボイスが空を裂く。この復活の日のためにCHOPSTICKさんと作った曲『JET PARTY』からプレイは始まった。この一年の潜伏期間に仕込んできた楽曲をフロアに次々とドロップし、かなり悪ふざけした楽曲も交えつつ、途中、丸省と抹による『FUNKOT ANTHEM』『Enaker's High』のライブをはさみ、ナードコア時代の最強の一曲『No Disco City』、そして姫神『神々の詩』の自作ブートREMIXが流れる頃には、感極まったのか泣いている人もいた。こうして復活後初のDJ JET BARONのプレイは終わった。あっという間の四〇分だった。やり切ったが、ここからが再スタートだ。

帰り道、朝から食う吉野家のカレーライスは今まで食ったことがないくらいにうまかった。

■この先の活動

ＤＪ活動は無事再開することができた。音楽制作も開始している。有り難いことに〝復帰バブル〟で、オファーも何とか絶えずいただいている状態だ。本当にやりたかったことが、とりあえず自由にできるようになった。

しかし一年間の自粛期間を経たというだけのことで、今までと何も変わっていないのかと言えば、そんなことはない。まずACID PANDA CAFEはなくなった。もちろん商売という意味で収入源を失ったわけだが、それ以外にも店がなくなって感じたことは、自分から足を運ばなければ友達には会えないということ。今まではとりあえず店へ行けば誰かしら仲間が集っていたのだが、これって素晴らしいことだったのだなあと思う。それとデカい音で音楽が聴ける場所はとても貴重なんだということも、失って初めて分かる有り難みである。やはり当たり前のことになっていくと、感覚は麻痺してくるものである。

現在はマッサージ業をしながらＤＪをはじめとした音楽活動をしているわけだが、正直な話、自分の知名度では音楽だけで生活していくには若干厳しいし、マッサージ業は嫌いではないが、独立でもしない限りこの先普通に生きていくのは難しいだろう。そこで、この一年間の経験で得たことと、これからどうやってメシを食っていくのかということについて少し考えてみたい。

謹慎中は夜遊びに出ることもできないので地元の銭湯にやたらと通っていたのだが、ある日そこで一枚のチラシを見つけた。「音楽療法士募集」と書いてある。近隣の老人介護施設で、高齢者を相手に音楽レクリエーションを行う職業だそうだ。音楽療法士のレクリエーションとはどんな内容かというと、ピアノの先生が高齢者と一緒に唱歌や童謡などを歌ったり、曲に合わせて手拍子や簡単な体操をする、みたいなことらしい。しかし俺は高齢者だからといって、唱歌や童謡だけというのもずいぶんバカにした話だろうと思った。いくら高齢者であっても、それぞれの時代の流行歌があるだろう。今は亡き自分の両親も、若い頃には石原裕次郎や美空ひばり、フランク永井などをよく聴いていたが、年を取っても好きな音楽は変わらなかった。例えば自分の世代が六〇代になった瞬間から「もう六〇代だから、これからは演歌を聴く」という風にはならないだろうし、ロックやヒップホップやテクノ、ハウス、レゲエなどを好んで聴いている今の若者だって、年を取ってもそういう音楽を聴き続けるだろう。たとえポップスしか聴かなかったとしても、モーニング娘。や小室サウンドやB'zで育った世代が、七〇代になったら急に永遠の古賀メロディを聴くとは思えない。

高齢者達は音楽療法士に無理やり歌いたくもない『犬のおまわりさん』を歌わされ、付き合って楽しいフリはしていても、内心では「バカにするんじゃない」と思っているに違いない。もし自分がその立場だったら、普通にバカにされていると思うだろう。それだったら美空ひばりの歌声を聴きたいと思うはずだ。

と、ここで俺は考えた。音楽レクリエーションとは、広い意味で深夜のクラブでやっていることと同じである。これをＤＪで応用できないものか。人生の先輩方に、その世代の人達が親しんだ音楽で楽しんでもらうＤＪというのはどうだろうか、と。

「ＤＪはクラブで若者を踊らせる仕事である」というのは一つのステレオタイプな定義に過ぎず、ダンスをさせなければならない理由もなければ、若者だけを相手にしなければならない理由もどこにもない。自分より年上の人達を、音楽で楽しませてはいけないルールなど存在しないのだ。何で俺は今まで、若者だけに向けて音楽をやってきたんだろう。きっと〝モテたい〟だけだったんじゃないのか？　俺も若かった……。

もう十年か十五年もすれば、ＤＪ第一世代の方達が実際にそういった施設に入る時代になる。となると、老人施設でＤＪパーティーは普通のことになるかもしれない。ある高齢者が「俺は昔、○○というクラブでＤＪをやってたんだよ」とか言って、機材が設置されている娯楽室みたいなところでテクノＤＪをおもむろに始めると、「あら懐かしい！　その曲はリッチー・ホウティンじゃない。アタシも若い頃はMANIAC LOVEによく遊びに行ったもんだわ」みたいな感じで、ミニマルテクノで高齢者達が踊っているような状況が起きるはずだ。今のＤＪ人口を考えると、全国の各施設にＤＪ経験者が現れるに違いない。実際に六〇年代、七〇年代のソウルやディスコ音楽だけがかかるような中高年向けのパーティーが、既に結構開かれているという。

幸か不幸か日頃のマッサージ業で中高年の方達とのコミュニケーション能力は身についたし、〝人生の先輩達に向けてのＤＪ音楽療法士〟というビジネスを始めるのはどうだろう？更に言えば、ＤＪとして毒蝮三太夫さんのようなことができるんじゃないか？　まさにミュージック・プレゼント！　これはビッグビジネスやで！　機会があればこういう活動をしてみたい！　ということで、このアイディアを実際に老人福祉に関する仕事をしている知人に相談してみた。その結果、あっさりと「ＤＪよりカラオケだよ！」との答えが返ってきた……。

老人福祉関係者がＤＪ文化自体をよく分かっていないので、実現するのはなかなか難しいだろうと。それよりも今の高齢者の娯楽の代表といえば、カラオケだということだ。今現在、老人会でのレクリエーションもカラオケ大会が主流なのだそうだ。確かにどんな町にもクラブやディスコはなくともカラオケ教室は必ず一つはあるし、実際街中で看板を見かけることも多い。日本にＤＪ文化が根付かないのはカラオケ文化のせいだ、と言われることもあるぐらいだ。高齢者だけでなく、日本において音楽に関する娯楽の最大手はカラオケなのである。

しかしそこで提案されたことがあった。「老人会のカラオケ大会で歌われる曲は既存の曲だけでオリジナルがないから、そこでオリジナルの歌を持っていればその人はスターになれるだろう。だからカラオケが趣味の高齢者達にオリジナル演歌を作ってみては？」と。また「知り合いのおじいさんなんだけど、趣味で演歌の歌詞を書いている人がいるから、試しにその曲にメロディをつけてみないか？」と言われたのだった。まさか演歌作曲の提案をされるとは思わなかったが、とりあえず面白そうだったのでその話に乗ってみることにした。

数日後、携帯の写メールに『秩父旅』という詞が送られてきた（テキストデータではなく、達筆な文字で書かれた便箋を撮影した写真なのがイケている）。早速その『秩父旅』に演歌っぽいメロディをつけてみた。自分は音楽理論はおろか楽譜も楽器もできないのだが（それでもメジャーデビューできるダンスミュージックって最高！）、思いついたメロディをパソコンを使って打ち込むことはできる。ものの数時間で楽曲は完成した。もっと苦労するかと思ったが、不思議なことに演歌のメロディは脳内にインストールされたデータをロードするかの如く、いとも簡単に湧いてきた。もともとメロディを作るのは苦手だったのだが、ファンコット、とりわけ演歌に似た旋律を持っているDANGDUTのファンコットリミックスを聴いているうちに、アジア的な叙情感あるメロディが身体に浸透していたのかもしれない。

簡単なアレンジをして件《くだん》のおじいさんに聴いてもらったところ、涙を流さんばかりの勢いで喜んでいたとのこと。病気を患ってふさぎ込んでいたのが一変、「今度の老人会で歌うんだ！」と元気を出して歌の練習を始めたという。人間、幾つになっても表現欲も承認欲求も枯れないし、それによって活力を取り戻すことだってあるのだ。

いやー、善い行いをすると気持ちがいい！　というか、これは今後やっていく仕事としてイケるのではないか？　歌好きな高齢者の人達にオリジナル楽曲を提供し、歌詞が書ける人にはメロディを、書けない人にはその人と面談してその人の人生を歌にしてもいいし、もっと気合の入った高齢者ならＰＶ撮影をやってもいいかもしれない。

そもそも演歌のシーンというのは、歌手志望者が作曲家や作詞家の先生に弟子入りして何年も修業し、やっとのこと先生から楽曲を〝いただける〟ものだと聞く。それはそれで古くから確立してきた制度であり尊重すべきものではあるが、自分がやりたいのは、そういう伝統的な師弟制度の演歌シーンに真っ向勝負していくことではなく、カラオケの延長のインディーズ演歌みたいなもので、誰でも〝歌手気分〟になれるような手助けをしたいのだ。地元の寄り合い所や老人会のカラオケ大会で、オリジナル楽曲を手に舞台に颯爽と上がれば、その人はそれだけでスターである。それで高齢者が明るく元気になれるのなら、それは最高ではないか。

インディーズのアイドルという存在がごく当たり前になった今、中高齢者の間でインディーズの演歌歌手が活躍するシーンがあってもいいだろう。草野球ならぬ、〝草演歌〟シーンである。毒蝮三太夫さんとの出会いで中高年という存在を意識するようになり、マッサージ業でそういう人達に触れ合う機会があったことで、何となく今までやってきたことが繋がるような、そういう道が見えてきたような気がする。

人生行き当たりばったりのスタンスは変わらないが、こういうことを思いついたというのも何かの巡り合わせ、縁だと思って挑戦してみるのも悪くないと思うのである。

■締めくくり

さて、この原稿を書いている今日は二〇一六年五月三一日。今日がこの本の原稿の締め切り日であり、事実上の復帰イベント、東京・渋谷の club asia で行われた「PLEASURE BOMB」

を終えた直後でもある。イベントに関しては、集客目標には少し届かなかったものの、とにかく盛り上がり、お店からも褒めていただけたので一安心といったところだ。そんな中、今現在の自分は何を思うのかというと、一つ言えるのは、良くも悪くも〝あの事件〟なしに今の自分はなかったということだ。〝あの事件〟なしに、先日のイベントでのライブ・DJプレイがあんなに盛り上がることはなかっただろうし、地元のマッサージ店で真面目に働くということもなかっただろう。復帰祝いと称してタダ酒を喜んで飲ませてもらうということもなかっただろうし、地元にすげーいい飲み屋を見つけて通うことにもならなかっただろう（そうだ、逮捕された後からなぜか酒が飲めるようになったんだ。酒は最高だ！　何てったっていくら飲んでも逮捕されないし！　身体にはじわじわ悪影響も来そうだけど）。

そして、友人達や、意外なほど気にかけてくれていた音楽仲間の優しさをここまで感じることもなかったと思う。「ああ、俺って意外と好かれてたのかもな。心配かけて悪かったなあ」なんて、それで余計に反省したり。あとは自分も周りの人達をもっと好きになろうとも思った。

自己啓発本とか宗教本みたいで若干スピリチュアルな言い方だが、〝許されて生きている〟ということも感じた。それと何だかんだいっても、世の中は話が早い人、話が分かる人、話が違う人、話にならない人に分かれるのだということも、身をもって体験することができた。話が早いならそれに越したことはないし、話が分かるなら話すべきで、話が違うなら諦めるし、話にならないなら近づかない。人間は人との出会いとコミュニケーションなしには生きていけないのだから、楽しく生きていきたいならこれに限る。

厳しめの意見はＳＮＳで、会ったことのない遠方のラジオリスナーからが多かった。会ったことのない人達に何かを言われるのは、会ったことのない人達に向けてラジオで喋っていたのだし、それが仕事だったのだから仕方がない。それが俺が受けるべき社会的責任ってやつだ。しかし会ったこともない人達から何か言われるのは、それはそれで結構凄いことだよなあと思った。その人達は俺のことを一方的に知っている、というか知ったつもりになっているということも。電気グルーヴのラジオを聴いて実際に人生が変わってしまった俺のような人間もいるわけで、公共の電波ってやっぱり凄いし、そこに出るにはある程度の自覚がないとダメなんだなあということも学んだ。

昔から耳にタコができるほど聞かされてきた、ことわざや慣用句が身に染みる一年だったとも思う。「破竹の勢い」からの「油断大敵」な逮捕劇。「悪事千里を走る」ネット情報やニュース報道。檻の中で会った「人は見かけによらぬもの」な裏社会の人々はまさに「蛇の道は蛇」。「脛に傷持つ」人間となるも「九死に一生を得る」かのごとく避けられた賠償系の問題。「人の噂も七五日」とはいかないが、それなりに時間が経てば人の記憶からは薄れていくということ。一年間の謹慎生活で、どんな時であっても助けてくれる人に出会った「地獄で仏」。離れて行った人や、新たに出会った人達「捨てる神あれば拾う神あり」。初犯ってことで許されてる部分もあるだろう「仏の顔も三度まで」といった言葉を肝に銘じると共に、何だかんだ言ってもこうして楽しく今生きていられることを考えると「渡る世間に鬼はなし」であり、世の中捨てたもんじゃないと思わされる。

あの日、あの時のあの場面。いちいち全ての行動や結果にそういった慣用句やことわざの類が当てはまるような気がして、やっぱり昔の人が言い続けてきたことは正しいなあとそんなことに感動しながら自分の生き方について考えてみても、やはり「人生行き当たりばったりの出たとこ勝負」でしかないという自分の信念は、良きにつけ悪しきにつけあまり変わらなかった。

自分は面白半分でふざけた人生を、面白いと思う方向に向かって生きてきたと思う。面白半分でふざけた音楽をやり、面白半分でふざけた店をやり、ラジオでふざけさせてもらい、ふざけてインドネシアの音楽を追っかけて、そしてふざけ方の度が過ぎてギリギリ守るべきラインを踏み越えてしまった。

今回の件で、改めて自分のたどってきた道や考え方を見直すことになったのは確かである。世の中から見れば確実に〝しくじった〟はずだし、自分もそう思わされた。がしかし、今の俺が以前と比べて不幸になったかと言えば、それはそうではない。一年間の活動休止を経てからの活動再開ではこれまでの人生でも一、二位を争うくらいの興奮と感動を味わうことができたし、改めて自分の居場所ややりたいこと、自分に向いていること、向いていないことがハッキリとしてきた。なんにせよ、今が一番面白いということは間違いない。「鳴かず飛ばず」の自分でも「七転び八起き」の精神で「裸一貫」で生きていこう。結局は自分しか基準はないので、その基準の中で〝笑える〟ように、〝面白がられる〟ようにと考えてしまうふざけた性根だけはどうしても抜けない。

先日のイベントで、LEOPALDONという自分が一九歳ぐらいの頃からやっていて活動休止状態だった音楽ユニットを復活させた。LEOPALDONはナードコアテクノという、それはそれはとてもふざけたダンスミュージックのユニットだ。だから真面目にふざけ、なおかつギリギリ怒られないような曲を作って復活したいと思った。そこで作ったのが『LEOPALDONのドラッグ野郎』。ひどいタイトルであり、ただのダジャレだが、音楽のスタイルは流行のEDM風。フックはメロディにのせて「この楽曲は違法薬物を推奨するものではありません」という、サビ自体が言い訳というか前置きになっていて、途中であらゆる依存性のある嗜好品や薬物の名前をコールアンドレスポンスで連呼する。俺「コカイン！」オーディエンス「コカイン！」、俺「ヘロイン！」オーディエンス「ヘロイン！」、俺「マリファナ！」オーディエンス「マリファナ！」という風に。ちなみにそこには「アルコール」と「タバコ」も入れておいた。そういう薬物や嗜好品の名を、ただただ「推奨はしていない」と言うことで連呼する。逮捕歴がある人間が、ステージであらゆる違法・合法のヤバいとされる物の名前を連呼して、コールアンドレスポンスでお客さんがそれに答える様が面白くて笑えそうだったからだ。

その後、自分の逮捕報道時の音声（メンバーの一人が録音しておいてくれた）をサンプリングしたものが流れる。そして言い訳とも前置きともつかない、責任を回避するような「推奨するものではありません」というサビ。そこから一番で連呼した薬物や嗜好品を、別の呼び方で連呼する。例えば一番では「コカイン」だったところは「クラック」、「覚醒剤」は「シャブ」、「マリファナ」なら「ガンジャ」といった具合だ。特にメッセージ性はない。でも強いて言うなら、みんな違法か合法かなんて知っている。でも何がどんなものなのかを、調べようと思うきっかけにはなるかもしれない。人生何があるか分からないから！　いざという時のために！

で、この曲を先日ライブでやった結果はどうなったかって？　大盛り上がりだった。この連呼するスタイルは、Bubble-B feat. Enjo-G（俺の遥か昔からのライバル的なナードコアテクノのユニットで、長くつるんでいたこともある）のやり口を、怒られることも覚悟でナードコアらしく無許可でパクってやったものだ（Bubbleさんゴメンなさい……）。この曲がリリースされることは恐らくないとは思うけど、俺は結局そういうふざけたことを思いつく人間だし、実行してしまう人間なのだ。


そして最後に、皆さんが一番気になっていることは「高野政所は反省してるの？」だと思う。俺はそう聞かれれば「反省している」と言うし、「反省している」と文章にも書く。それでも「反省の色が見えない」と言う人もいるだろう。「反省しているようだ」と判断する人もいるだろう。ところが誰も人の心の中を見ることはできない。実際のところ、そう言われれば言われるほど「反省する」とはどういうことなのかが分からなくなっている。一年間の謹慎が反省の証拠なのか？　ボランティア活動をすることが反省の証拠なのか？

どうしたらいいんだろう。だからこう言うしかない。

「高野政所は反省しています。ただし、信じるか信じないかはあなた次第です」

インドネシアの象徴ともいえるガルーダ神鳥像と。

インドネシアはバリ島で DJ した時のフライヤー。

FUNKOT の聖地インドネシアの GOLDEN CROWN のレギュラー DJ 達と一緒に。

アシパンで行われていた「ダサＴウォーズ」から派生したダサＴファッションショーでの一コマ。
文句なしのダサさ。

「ダサＴウォーズ」の三位までの入賞者にはなぜか“NOMOの帽子”が与えられた。

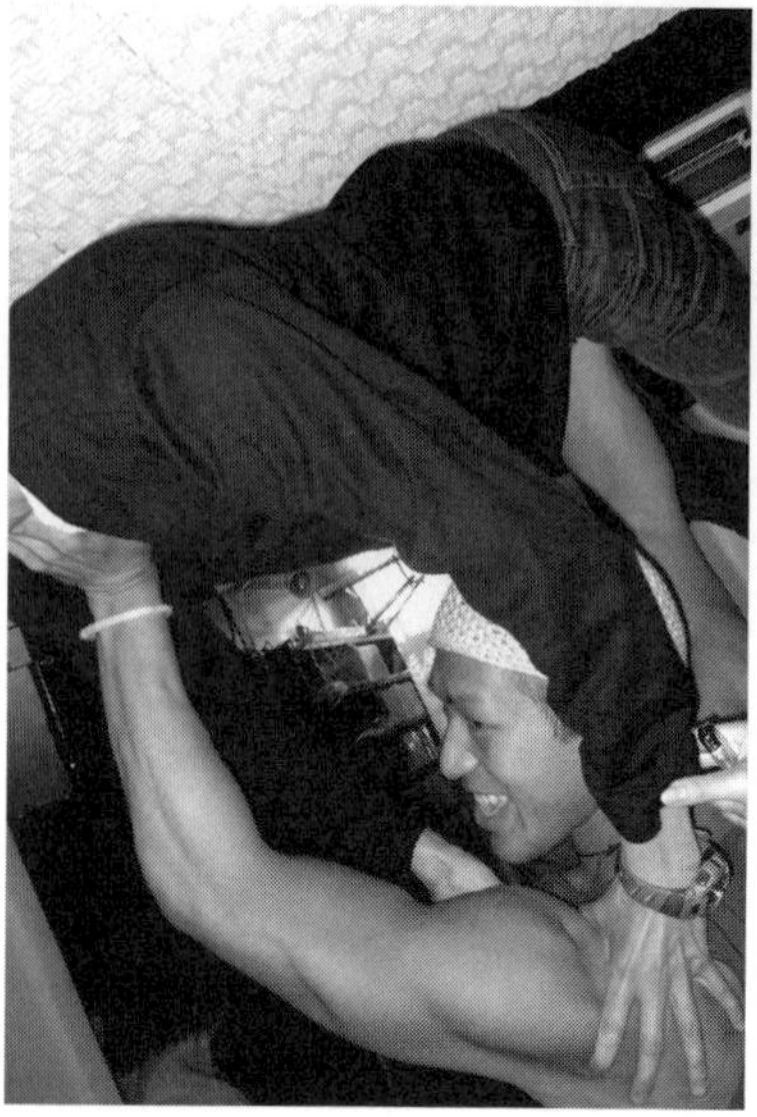

DJ 初体験でアゲ方が分からないのでとりあえず人を持ちアゲてしまう。

「ジャスティスナイト」。柔道着にヌンチャク、竹光やモデルガンなどで武装中。

正直何をやっているか分からないけど、何か面白かったような気がする。

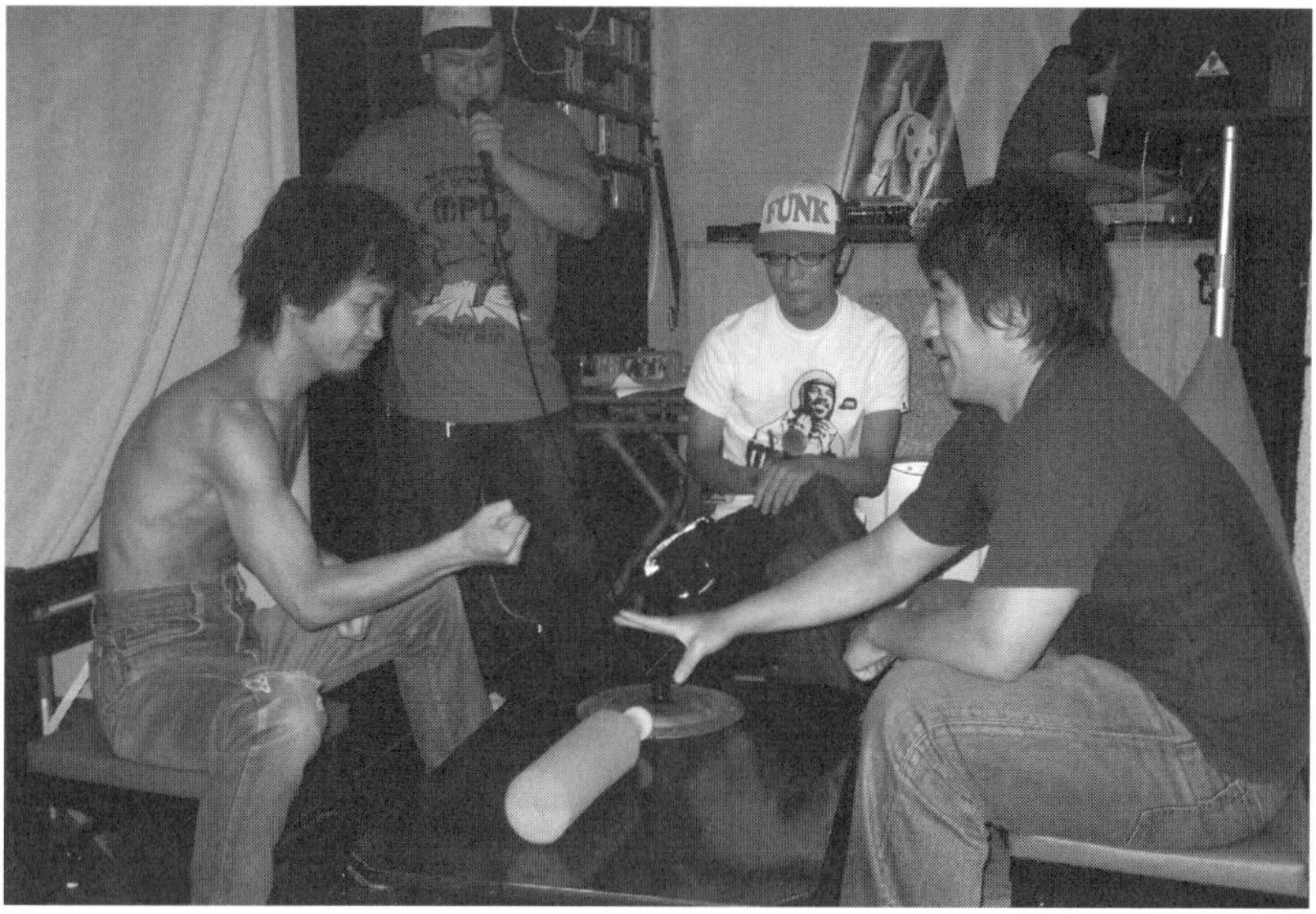

じゃんけんで勝ったら棒で相手の頭を叩くゲーム。いずれにしてもクラブでやることではない。

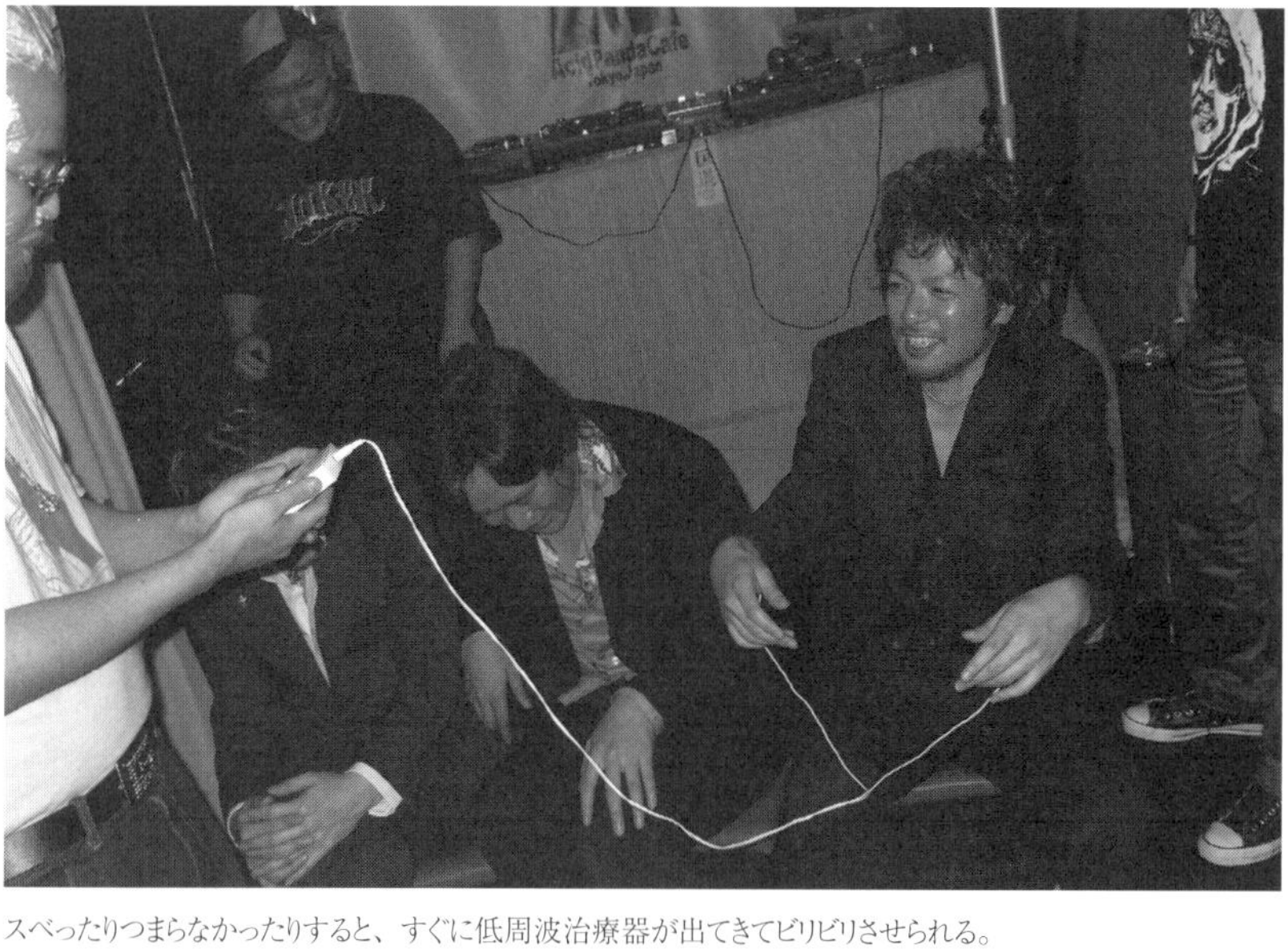

スベったりつまらなかったりすると、すぐに低周波治療器が出てきてビリビリさせられる。

寒い時期にはゴザを敷いて、コタツを用意。

面白さの感覚が麻痺して何が面白いのか分からなくなっているDJイベント。

黒人天才のライブで踊りまくる近所のバァさん。こんな光景もアシパンならではのものだった。

クラブイベント中に手前でゲームに興ずる人がいたり、とにかく自由すぎる場所だった。

ラップをしている頃の高野政所。

年に一度、山梨県は甲府市の武田神社に行って、武田信玄の格好で写真を撮るのを恒例にしていたが、2015 年はこれも自粛。

DJ 復帰後の様子。

復帰を喜んでくれる人達がたくさんいて良かった一枚。

復帰できた喜びを感じる一枚。

■対談「薬物事犯は、とにかく割に合わない」

高橋ヨシキ×高野政所

高橋ヨシキ（以下、ヨシキ）　今回、テレビで報道されたのは結構デカかったでしょう。

高野政所（以下、政所）　まさか俺もニュースになってるとは思ってなかったんで……。

ヨシキ　しかもメジャーデビュー直後という、政所君にとっては最悪のタイミングでね。大麻は世界的に解禁の流れもあるけど、それが〝別に平気〟という風潮になることを警察なんかはすごく嫌がっているはず。でも不思議なのは、薬物にどっぷり浸かっている……はずなのに（笑）、全然捕まらない人っているでしょ？　それを考えると、逮捕された時の不公平感は半端ないんじゃないかと思う。

政所　警察は何してるんだって感じですね。

ヨシキ　しかし今回は、警察がきっちり仕事をおやりになったと。

政所　まったくその通りです。

ヨシキ　大麻所持って、どのくらい持ってたの？

政所　〇・六グラムです。一グラムって報道されましたけど、入れ物の重さも入ってますね。

ヨシキ　日本の薬物取り締まりでは、大麻だろうがシャブだろうが同等に「ダメ。ゼッタイ。」ってことになっているから。

政所　そこの区別がつかない人が多くて、SNSで拡散していく中で、俺は覚醒剤で捕まったことになっていたんですよ。そういう意味では、大麻も覚醒剤もコカインもヘロインも全部〝麻薬〟だし、麻薬もレイプも殺人も同じ〝犯罪〟ですから。

ヨシキ　逮捕されたが最後、全部一緒くたで〝極悪人〟という感覚は確かにあると思う。薬物に関して言えば〝ゲートウェイ・ドラッグ〟という考え方があって、つまり「大麻を入り口に、どんどんハードコアなドラッグに手を出すようになるから大麻も絶対ダメ」ということなんだけど、それが本当だったらお酒飲む人はみんなスピリタス（注・アルコール度一〇〇％近いウォッカ）とかを飲むようになるのか？　っていう疑問はあるけどね。俺、お酒は好きだけどビールしか飲まないんだけどなあ。

政所　確かにそうですね。

ヨシキ　逆にシャブは日本ではポピュラーなドラッグだから、サラリーマンでも主婦でも、もしかしたら公務員でもやってる人はいるわけでしょ？　大人しく日々シャブをキメている人たちが（笑）。もちろんそれは法的にはアウトなんだけど、しかし現実にそういう人達はたくさんいるわけで、どこに線引きするかは別として、グレーゾーンの濃淡は確実にある。だけど例えば芸能人を見ても、今は昔に比べて尋常じゃないバッシングを受けるでしょ。インターネットのせいもあって、グレーゾーンを絶対に許さないという幼稚な正義感の声が非常に大きくなっている。俺はいい加減でなあなあな人間だから、そういう白黒はっきりイズムみたいなものには恐怖すら感じる。若い子がPTAみたいなことを言うんだもん。

政所　そうですね。おじさん達よりも、二〇代の若者達から厳しいことを言われましたね。

ヨシキ　とはいえ、そうやって他罰的になることぐらいでしか鬱憤を晴らせないという状況にも絶対に問題がある。今の若者は仕事探しも大変だし、給料は安くて食えないし、先行きは真っ暗にしか思えないしで、そのどうしようもなさ、閉塞感は絶対にある。

政所　最近の芸能人のスキャンダルも、そんな閉塞感の捌け口なのかもしれないですね。不倫した芸能人をそこまで叩く必要があるのかという。犯罪じゃないんですから。

ヨシキ　魔女狩りそのものだよ。定期的に誰かをブッ叩いてガス抜きしている。そういう世間の〝制裁したい欲〟に政所くんも今回さらされたと思うんだけど、それはどうでした？

政所　怒っていたのは、地方のラジオリスナーが多かったです。DJに復帰する時も、若者からの意見が多くて「まだそういう場に戻るのは早いと思います」というツイッターもありました。

ヨシキ　つまり、その人には法律とは別にオリジナルの量刑判断があるわけだよね、これをやったらどのくらい謹慎をするべきだというような。それはもうその人の基準でしかないから、こちらは分からないよね。

政所　難しいのは、こちらの反省の態度がどう見られるかということで、感じ方は人それぞれじゃないですか。「反省してます」と言っても「そうは見えない」と言われたらそれまでで。

ヨシキ　それはもう無間地獄だね。坊主にしようが一家離散しようが自殺しようが「本当は反省してないんだろ」って言われたら反論不可能だもん。どうすれば許してもらえるのか、底が見えない。

政所　俺との関係性によっても違うじゃないですか。普段の俺を知らない人は、何を言っても反省していないと思うだろうし、近しい人は気落ちしている様子を間近で見て、反省していると思ってくれる人もいて。

ヨシキ　みんなが小さな閻魔大王みたいなことになってるよね。でも「何でお前が全部裁くの？『ジャッジ・ドレッド』かお前は（笑）」っていう。

政所　「俺が納得しない」という理由で、凄く怒られたこともありました。

ヨシキ　ただ、みんな自分は絶対に逮捕されないという立場から人を裁いてると思うんだけど、自分の価値観や基準がそこまで普遍的な、あるいは法律上問題のないものなのかどうかというのはシリアスな問題として考えないと危険。例えば飲み屋で酔っぱらいに絡まれて、正当防衛のつもりで対応しても傷害罪で実刑というようなことは十分あり得るわけだから。最悪の場合殺人罪になる可能性だってないとは言えない。軽く考えてるとヤバいことは意外と身の回りに多い。

政所　車の運転中に急な割り込みをされてカチンとくることなんかはよくあると思うし。それとYouTubeで違法アップロードされたものを観るのも、言ってみればどちらも犯罪なわけじゃないですか。だから犯罪者になってしまう場面というのは、結構身近に転がっていると思うんですよ。それで今回特に実感したのは、俺が今まで全く知らなかった、ものスゴい世界があるんだなぁということですね。クラブも悪いとか怖いとか言われることがあるけど、そういう意味ではたかが知れているじゃないですか。特にアシパンは暴力沙汰などは一切ないピースフルな店だったし。つまり世の中には本当に怖い人っているし、そういう世界でしか生きていない人達と話せたのは衝撃でしたね。こっちの言葉は何も通じないですから。

ヨシキ　そもそもの理屈が違うからね。

政所　留置場で会った若いヤクザの子とかは、シャブをキメながらスゲー真面目に仕事して遊んで、こうしてたまに捕まることこそが休憩なんだよと。スゲー世界に生きている奴がいるなぁと。

ヨシキ　一年が何日なのか知らないような奴もいるんだって。教えてくれた人が留置されてた時、収監されてた政治家が四〇〇日ぶりにシャバに出たというのがニュースになって「四〇〇日って何年ですか?」って聞いた若い奴がいて房内が騒然となったらしくて。

政所　想像を絶しますよね。あと留置場で、詐欺グループのトップの人がいたんですけど、彼が雑誌を読みながら「高野さん、リテラシーってどういう意味ですか?」って聞くんですよ。リテラシーの意味を知らなかったことが、俺には結構ショックで。

ヨシキ　普段のシノギで役に立たないことは知らなくてもいいんだ。

政所　でも犯罪を犯した時に、いかに刑を軽く済ませるかみたいなことはもの凄く知ってるんですよ。

ヨシキ　知識の範囲が一般社会とまるで違うんだね。

政所　文科系の知識とかは、あの人達には要らないんですよね。

ヨシキ　これも聞いた話だけど、〝女とヤること〟イコール〝ワゴンでさらって犯して、終わったら山に捨てること〟だと思ってる若者も実在するんだって。なんでそれが分かったかというと、房内で漫画雑誌読みながら「漫画に載ってる男女のデートとか、全部ウソっぱちっすよね」とか言い出すんで、色々と周りが聞いてみたら「え?　さらって犯して山に捨てるのはみんなそうですよね?」って、逆に同意を求められてみんな絶句、みたいな。

政所　でも留置場に入っていると、こんな自分も「これからは裏の世界でやっていくしかないのかなぁ」と思いつめたりもするんですよ。ところが彼らの世界があまりにもハードコアすぎて、やっぱり無理だなと。なので「またオモテの世界でコツコツ生活できたらいいな」と思い直しました。環境とかもあると思うんですけど、悪というか、裏の世界しか知らない人、そこでしか生きていけない人がいるわけで。でも一方で、遵法意識のルールの中でしか生きていけない人もいるから、これはお互い様だなとは思いました。

ヨシキ　確かにそういう〝お互い様〟感はある。ただ、いくら何でも、もう少しお互いのルールを知っていた方がいいような気もするけど。
政所　そこはパッキリと分かれすぎてますよね。
ヨシキ　話は変わるけど、犯罪発生率が下がるのは警察にとっては死活問題で、予算を減らされちゃうからなんとかしてノルマを達成したい。だから自転車の取り締まりとか、これまでグレーゾーンだったことを〝犯罪〟枠に入れることで、犯罪の数あるいは検挙数が〝減らないように〟するとも言われている。だけどそんな理由でどんどん犯罪とされる行為を増やしていったら、行き着く果ては全員犯罪者になっちゃうんじゃないかと思う。『日本で一番悪い奴ら』って映画があるんだけど、これは北海道警察が拳銃の検挙数を上げたいがために、ヤクザから拳銃買ったりロシアから輸入したりしてたっていう話で、しかもその拳銃購入の資金が足りないからシャブを売っていたという実話の映画化。この映画の中で、警察署の壁に点数表が貼ってあるのが映るんだけど、「殺人五点、強盗四点、万引き一点」みたいなね。点数稼ぎのために犯罪者に仕立て上げられる人も映画には出てくるんだけど、たまったもんじゃないと思う。
政所　やられる方は、人生狂っちゃいますから。
ヨシキ　政所君も人生狂ったよね。まずアシパンがなくなってしまった。
政所　そうですね。店を失ったのは相当狂いました。
ヨシキ　それは我々、客とか常連のみんなにとってもそうで、気兼ねなく楽しく遊べるクラブという行き場を失ったことは大きかった。店はどうしてなくしちゃったの？
政所　オーナーの意向というか……。俺はやる気はあったんですけど、世間の風が許さないなという感じですよね。
ヨシキ　そうだったのか。それにしても怒涛の一年だったでしょう、お疲れ様でした。
政所　色々と考え直すきっかけになりました。
ヨシキ　弁当持ち（注・執行猶予が付いた人の俗語）もキツいって聞くし。バイクは乗ってないんでしょ？
政所　もう乗ってないです。交通事故で執行猶予が取り消されることもありますから。とにかく法律を破ると割に合わないということは心底思いましたね。

ヨシキ　薬物は本当に割に合わないよね。割に合わなくても「あまりにも侮辱されたから何らかのアクションを起こす」みたいに、やらないと後悔する一線はあると思うけど、そういうものとは全然違う。

政所　本当に人生遠回りしたなぁという思いはあります。俺はラジオなどに出させてもらっていた分、より遠回りが大きかったと思います。

ヨシキ　メディア側は出しづらくなっちゃうからね。

政所　そうですね。

ヨシキ　でもさあ、これは屁理屈に聞こえるのを承知で言うけど、人間は何らかの形でアガることが絶対必要だと思うわけ。それは祭りでも酒でもタバコでも、あとセックスもうまいメシも〝アゲ感〟に結びついている。音楽をはじめとする芸術だって、程度の差こそあれ精神を変容させることと繋がってると思うんだ。「だからドラッグはOK」と言いたいわけじゃないよ、そうじゃなくて、アゲ感そのものを非難するような物言いが多いことには違和感を覚えざるを得ない。「他人が楽しそうにしているのが許せない」というのは自分が〝アガれない〟ことの恨みなんじゃないかとすら思う時があるんだけど。不倫バッシングとか完全にそれでしょ。

政所　確かにそれはありますよね。

ヨシキ「俺の知らないイイ思いをしやがって」感というか。でもそれって童貞の発想だよ。「セックスは悪だ。なぜなら俺はやったことがないから」という。そんな考え方は不健康すぎる。

政所　そうなっちゃってる感じはしますね。

ヨシキ　今回の対談、実はやりにくいなあと思ってるところはあって。確かに違法な薬物を所持・使用して逮捕されたことについては全く擁護できない。だけど逆に言えばそれをここで責め立てる理由は〝日本の薬物規制〟以外にないということでもある。アメリカだと大麻をホワイトハウスの近所で吸っても合法ですからね（注・公の場での吸引は禁止。自宅ではOK）。

政所　ワシントン州（注・ワシントンD.C.）は合法ですもんね。それを考えると雲泥の差ですけど。

ヨシキ　とはいえ法律は法律だから、日本に住んでいる以上はもちろん守らなくてはならない。それは言うまでもないことで、あとは法律が変わるように気長に頑張ることしかできない。

政所　そういうことですよね。

ヨシキ　だから、どうしても自分が住んでいる国の法律が理不尽に感じられて、かつ移動の自由があるのなら、どこか住みやすい国に移住したらいいのかも。

政所　日本にいる以上は日本の法律は守りましょうということで。捕まったら割に合わないですよ、としか俺は言えないなぁ。

ヨシキ　法律上の制裁だけでなく、社会的にも制裁を受けるわけだし。

政所　どっちかというと、俺はそっちの方が辛かったです。特に人前に出るような仕事をしている人は、法律は破らない方がいいですし、逮捕されない方がいいですよ、ということだけは言いたいですね。

ヨシキ　たとえその後に無罪の判決が出ても、逮捕された時点で烙印を押されちゃうからね。

政所　特にこんな世の中なんで、いいことは何一つないですよ。

ヨシキ　今回、一番キツかったことは何だった？

政所　やっぱりＤＪができなかったことですね。曲はずっと作ってたんですけど、発表の場がないのはツライなぁと凄く思いました。あと店をやっていた時は毎日友達が来てくれたけど、店がなくなるとなかなか会えなくなるのは寂しいですね。それと、謹慎中はずっと週五日でマッサージの仕事をやっていたんですけど、正直、自分にとっては超楽しい仕事ではないわけですよ。そこで気付いたのは、お客さんは皆、一週間我慢しながら仕事をして、その息抜きにパーティーに来ていたんだなあと。だからあんなにまで狂ったように騒いでいたんだなぁと、その心情がメチャメチャ分かりました。俺は会社に就職しないで、何となく仕事だか遊びだか分からないままに今まで来ちゃったので……。それに、これはパーティーに来ないようなサラリーマンも同じだと思うんですけど、週末の友達との飲み会が、どれだけその人の救いになっているのかということも凄く感じました。自分のやっている娯楽業は世の中の役に立っていないような気がずっとしていて、ＤＪとか音楽を作るとかイベントをするようなことに対して自信が持てなかったんですよ。そんな遊びみたいなことをして金を稼ぐことって間違っているんじゃないかとも思ったんですけど、こんな俺でも役に立てることもあるんだと改めて思ったところはあります。これは謹慎して良かったことだと思います。
ヨシキ　なるほど。
政所　やっぱり色々と麻痺してたかなぁと思いますね。店で毎日パーティーをやっていて、アガった空気が当たり前という中で過ごしていたんで。そこがリセットされたというのはあります。
ヨシキ　それは世界中の有名ＤＪが絶対に気付かないことだよね。毎日アゲアゲだと。
政所　そうですね。バイトとかしないと思うんで。彼らも道路工事とかやったらいいのになぁ。
ヨシキ　でも店を失い、今までの活動をストップさせて一年間謹慎してマッサージの仕事をやるって、誰にでもできることじゃないよ。政所君は割に合わないことを十分、身をもってやったと思うよ。
政所　謹慎期間なしで活動していたら、ここまで考えてなかっただろうなということはたくさんあります。だから一つのタイミングだったのかなとも思うんですよ。言い訳じゃないですけど、仕事もトントン拍子で大きくなっていって、ワケが分からなくなってた時期だったんで。そんな時、冷水ぶっかけてくれたというのはあります。あのまま行っても、ろくなことになっていなかったんじゃないかという気もするんですよ。
ヨシキ　トントン拍子に行っている時が一番怖いっていうもんね。そんな目にあったことがないから分からんけど（笑）。「上がり調子の時こそ、身を引き締めないと」っていうのは真実だと。
政所　本当そうですね。
ヨシキ　というわけで、やはり結論としては薬物は「ダメ。ゼッタイ。」です。なぜなら全く割に合わないからです。というわけで、ビールでも飲みに行きましょうか。お酒はまだ合法なんだから。

（二〇一六年六月二七日収録）

高橋ヨシキ・プロフィール
デザイナー／ライター。一九九九年より雑誌『映画秘宝』（洋泉社）のアートディレクターを務める傍ら、レギュラーとして毎号原稿も執筆。映画ポスター、ＤＶＤジャケット、書籍装丁なども数多く手掛けている。映画評論集『暗黒映画入門　悪魔が憐れむ歌』シリーズ（洋泉社）、実話怪談『異界ドキュメント　白昼の魔』シリーズ（竹書房文庫）をはじめ、著書・編著も多数。なお本書のブックデザインも担当している。

■あとがきに代えて

昔から周りの人達に「何か本を書け」とよく言われていたのだが、生まれてこの方、一度もやったことがなかった。文章を書くこと自体は嫌いではなかったけれど、やりたいことの優先順位的に高くはなかったのだ。

それが今回の逮捕がきっかけになり、謹慎期間中に日記のようにノートに書きためていた文章が書籍化されるとは。皮肉なことに、こんなことがなければ本を出すこともなかっただろうし、これも人生の転機だったのかもしれない。

……いや、ちょっと待てよ。冷静に考えれば、自分の行った犯罪や逮捕をネタにして本を出すのって、ちょっと前に世間から大バッシングにあった〝元・少年A〟みたいなことをしているんじゃないか？　俺よ、それでいいのか!?

罪のデカさや事件のヤバさのスケールは全く違うけれど、〝犯罪者本〟というジャンルで括れば同一フィールドになってしまった。ヤバいな〜これ、どうしよう。もしこの本が売れまくって儲かったりでもしたら、ますます叩かれるじゃん……！

【無反省】前科DJ高野政所、逮捕経験をネタに書籍化してビジネス！【最悪】みたいに2ちゃんねるにスレを立てられて、まとめサイトが作られて、ツイッターも大炎上で、出版社に抗議の電話が殺到！　編集の中村孝司さんがノイローゼに！　監修の古川耕さんやブックデザインや対談をしてくれた高橋ヨシキさん、実録漫画を描いてくれたジェントルメン中村先生なんかも相次いで袋叩きにあって、ついでに帯のコメントを書いてくれた藤田陽一監督なんかも「デザイナーに漫画家、アニメ監督まで……高野政所に協力した懲りない面々」とかいってワイドショーにも取り上げられ、日本中から大バッシングの嵐、それぞれが路頭に迷うことに……。

いやぁ、怖い！　自分で言うのも何だけど、この本、結構面白いしな～！　マジで心配だな～！　どうしよう、すげえ売れちゃって、それと引き換えに俺達の人生がメチャクチャになっちゃう!?

というわけで、目に見えない〝世間の視線〟に怯えながらも無事に完成したこの本。読み終わった貴方の心には何が残ったでしょうか。何も残らなかった？　くだらなかった？　つまらなかった？　ごめんなさい、反省してます。でも信じるか信じないかはあなた次第です。

先ほどお名前を挙げさせていただいた五人の皆様をはじめ、こんな俺を見捨てずに付き合ってくれた全ての人々にこの場を借りて深く感謝致します。

本当にどうもありがとうございました！

高野政所

前科おじさん

発行日　2016年8月22日　第1刷発行

著者　高野政所

企画・監修　古川耕
編集・構成　中村孝司（スモールライト）
編集　室井順子（スモールライト）
ブックデザイン　高橋ヨシキ
漫画　ジェントルメン中村
校正　会田次子
営業　藤井敏之（スモールライト）
SPECIAL THANKS　藤田陽一、寺嶋真悟、橋本吉史、棚木純也、両部義弘、成田兼則、トシムラ、白井悠也、佐藤大、田村渚

発行者　中村孝司
発行所　スモール出版
〒164-0003
東京都中野区東中野1-57-8　辻沢ビル地下1階
株式会社スモールライト
電話　03-5338-2360
FAX　03-5338-2361
e-mail　books@small-light.com
URL http://www.small-light.com/books/
振替　00120-3-392156

印刷・製本　株式会社 光邦

Printed in Japan
ISBN978-4-905158-35-6
JASRAC 出 1608120-601